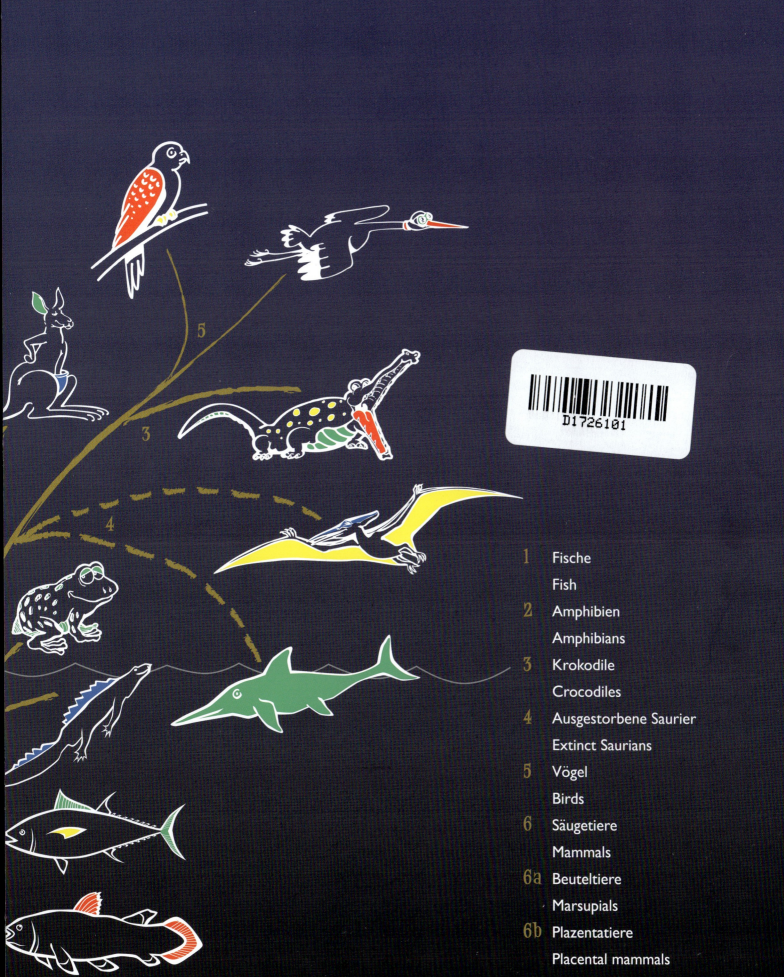

1	Fische
	Fish
2	Amphibien
	Amphibians
3	Krokodile
	Crocodiles
4	Ausgestorbene Saurier
	Extinct Saurians
5	Vögel
	Birds
6	Säugetiere
	Mammals
6a	Beuteltiere
	Marsupials
6b	Plazentatiere
	Placental mammals

Irmgard Meissl

Kobold Mausohr

Abenteuer einer Fledermaus

Kobold Mouse-Ear

Adventures of a bat

Übersetzung: Ros Mendy

Ein Schlauberger Buch für:

A Schlauberger book for:

Inhaltsverzeichnis

Kapitel 1

Kobold Mausohr
und die Fledermäuse

Kapitel 2

Kindheit und Jugend von
Kobold Mausohr

Kapitel 3

Kobold Mausohr geht auf Jagd

Kapitel 4

Gefährliche Zeiten für
Kobold Mausohr

Kapitel 5

Der Mausohrensommer
geht zu Ende

Kapitel 6

Umzug in das Winterquartier

Kapitel 7

Frühlingserwachen

Contents

Chapter 1

Kobold Mouse-Ear
and the bats

Chapter 2

Kobold Mouse-Ear's
childhood

Chapter 3

Kobold Mouse-Ear goes hunting

Chapter 4

Dangerous times for
Kobold Mouse-Ear

Chapter 5

A mouse-ear summer
draws to a close

Chapter 6

Moving to winter quarters

Chapter 7

Spring awakening

Vorwort

Liebe Kinder, liebe Vorleser,
Ihr schlagt ein Buch auf, in dem Fledermäuse die Hauptrolle spielen. Für keine zweite Tiergruppe, ausgenommen vielleicht die längst ausgestorbenen Dinosaurier, lassen sich Kinder so begeistern. Das hängt sicher mit dem geheimnisvollen Leben dieser kleinen, fliegenden Kobolde der Nacht zusammen. Ich selber war schon erwachsen und als Naturschützer tätig, als mich die Begeisterung für Fledermäuse erfasste. In diesem Jahr ist es 30 Jahre her, dass ich zum ersten Mal ein Fledermausquartier auf dem Dachboden einer kleinen Kirche nahe am Chiemsee in Bayern entdeckte. Das Kirchendach sollte erneuert werden und ohne meine Gespräche mit den Bauleuten und der Kirchenverwaltung hätten die Tierchen ihr Quartier verloren.
Von da ab habe ich viele Fledermausquartiere besucht, die Hausbesitzer für ihre kleinen Untermieter begeistert und den Fledermäusen so ihr Quartier erhalten. Manchmal waren auch Kinder dabei, die viel über Fledermäuse wissen wollten und sich besonders freuten, die Heimlichtuer auch einmal zu sehen.
Einige dieser Kinder wurden zu „Fledermausdetektiven", die bei sich und in ihrer Nachbarschaft Fledermäuse oft wie richtige Detektive anhand von einigen Spuren entdeckten und mir die Vorkommen meldeten.
Wir Fledermausschützer sind angetreten unter dem Motto „Fledermäuse brauchen Freunde". Gute Freunde haben Verständnis füreinander und sie helfen einander, wann immer einer den anderen braucht. Die Fledermäuse brauchen uns als ihre Freunde. Wir können ihnen helfen, indem wir ihre Quartiere erhalten oder ihnen Unterschlupf bieten, indem die Erwachsenen im Garten kein Gift spritzen und Pflanzen wachsen lassen, die von Insekten, den Nahrungstieren der Fledermäuse, gerne besucht werden. Umgekehrt haben Fledermäuse uns eine Menge zu bieten. Keiner kann sich der Begeisterung entziehen, wenn er auf von Fledermausfreunden geführten Wanderungen zum ersten Mal ihre geheimnisvollen Ultraschall-Rufe mitbekommt, die über einen Fledermaus-Detektor hörbar gemacht werden.

Foreword

Dear children
(and grown-ups who may be reading this book aloud),
In the book you are about to read, bats play the main role. No other group of animals – except perhaps the long-extinct dinosaurs – is capable of fascinating children as much as bats.
This almost certainly has something to do with the secretive lives of these small flying pixies of the night. I myself was already a grown man and working as a conservationist when I discovered my enthusiasm for bats. This year it will be 30 years since I first discovered a bat roost under the roof of a small church near Lake Chiemsee in Bavaria. The church roof was about to be replaced and if I hadn't spoken to the builders and the church administrators, the bats would have lost their home.
Since then, I have visited lots of bat roosts and done my best to fire the building owners with enthusiasm for their tiny lodgers, so that the bats could keep their homes. Sometimes there were children around who wanted to know a lot about bats and were particularly pleased to get a chance to see the secretive little fellows.
Some of these children became 'bat detectives' who, like real detectives, often discovered the existence of bats in their homes and neighbourhoods by finding evidence, which they reported to me.
We bat conservationists campaign under the motto 'bats need friends'. Good friends show understanding for one another and help each other.
Bats need us as their friends. We can help them by safeguarding their homes and by offering them shelter. Grown-ups can help by not spraying poison in the garden and growing plants that attract the insects that bats like to eat.
And bats have a lot to offer us too. No one can help being excited when they go on a walk led by bat lovers and hear the bats' mysterious ultrasonic calls for the first time through a bat detector.

Oder wenn er sieht, wie etwa Wasserfledermäuse im Schein einer Rotlicht-Taschenlampe dicht über dem Wasser kreisend ihre Beute fangen. Ganz besonders spannend ist es auch, Fledermäuse beim Ausflug aus ihrem Quartier zu beobachten und zu zählen. Heute gibt es vielerorts aktive Fledermausschutz-Gruppen, die solche Erlebnisse anbieten. Auch der Besuch einer der vielen, meist im August stattfindenden Fledermausnächte lohnt sich.
Immer sind es Menschen, die uns die Fledermäuse zeigen und erklären. In diesem Buch ist alles ganz anders.
Da berichten die Fledermäuse uns aus ihrem Leben.
Für Erwachsene mag das ungewöhnlich sein. Für kleinere Kinder ist es aber ganz natürlich. In der Fantasie-Welt der Kinder sind viele Dinge beseelt. Sie sprechen noch mit Tieren und sie können sogar verstehen, was die Tiere ihnen zu sagen haben.
Auf den folgenden Buchseiten unterhält sich Kobold Mausohr sehr angeregt mit Kindern und beantwortet jede Frage von Ihnen über sich, seine Artgenossen und seine gesamte Verwandtschaft.
So erfahrt Ihr, liebe Leser und Vorleser ganz viel aus dem ebenso geheimnisvollen wie spannenden Leben der Fledermäuse. Die Autorin Irmgard Meissl hat es möglich gemacht, dass die Fledermäuse mit uns reden können. Nichts von dem, was sie uns erzählen, ist geflunkert. Selbst mich als langjährigen Fledermausfreund hat das Buch von der ersten bis zur letzten Seite begeistert. Ich wünsche Euch viel Spaß beim Lesen und Vorlesen. Und ich bin sicher, dass Ihr zu Fledermausfreunden werdet, wenn ihr das Buch gelesen habt.

Euer
Dr. Klaus Richarz

Fledermausfreund und Geschäftsführer der Arbeitsgemeinschaft Fledermausschutz Hessen im NABU, Mitglied der Fledermaus-Spezialisten-Gruppe der Weltnaturschutz-Union (IUCN) und Mitglied im Sachverständigen –Gremium zum Europäischen Fledermausabkommen (Eurobats) sowie Autor einiger Fledermausbücher

Or when the beam of a red light torch reveals water bats circling low over the water to catch insects. It is particularly exciting to watch and count bats as they fly out of their roosts.
Today there are active bat conservation groups all over the place that offer experiences like these. It is also worth going on one of the many bat nights, which usually take place in August.
At all these events, it is humans who show us the bats and explain their behaviour to us.
Things are very different in this book.
Here, it is the bats who tell us about their lives.
Grown-ups may find this unusual, but it's quite normal for small children. In the fantasy world in which children live, lots of things can talk. Children talk to animals and can even understand what the animals say to them.
On the following pages, Kobold Mouse-Ear has a very lively discussion with children and answers all their questions about him, the other mouse-eared bats and their wider family.
In this way you learn a lot about the mysterious and exciting lives of bats.
The author, Irmgard Meissl, has made it possible for bats to talk to us. Nothing they tell us has been made up.
Even I, a long-standing bat friend, found the book inspiring from start to finish. I wish you lots of fun reading this book to yourselves and to others.
I'm sure that you will become bat friends once you've read it.

Dr Klaus Richarz

Bat lover and Managing Director of the Hesse Bat Conservation Group within NABU (the Nature and Biodiversity Conservation Union), a member of the bat specialist group within the International Union for Conservation of Nature (IUCN) and a member of the Eurobat advisory committee (Eurobat = Agreement on the Conservation of Populations of European Bats) and an author of several books about bats.

So fing alles an… | How it all began…

Felix und Lisa haben Langeweile. Sie haben sich so auf die Ferien bei ihrem Onkel in dem Dorf gefreut – da können sie mit den anderen Kindern quer durch Wald und Feld stromern.
Das ist doch viel aufregender als der langweilige Spielplatz zu Hause in der Stadt.
Und jetzt das: es regnet und regnet! Aber als Felix etwas genervt aus dem Fenster schaut, ob der Regen nicht aufhören will, sieht er, dass drüben bei der alten Kirche die Tür zum Glockenturm etwas aufsteht.

„Du, Lisa, komm, wir schauen uns mal im Glockenturm um, die Tür ist gerade mal offen!"

Lisa hat etwas Bedenken:

„Und wenn der Küster die Tür wieder abschließt, während wir da oben sind?"

Da meint Felix verschmitzt:

„Keine Angst, weißt du, was wir dann machen? Wir läuten ganz einfach die Glocke – was meinst du, wie schnell der Küster dann wieder da ist!"

Felix and Lisa are bored. They had been looking forward so much to spending the holidays with their uncle in the village. Wandering all through the woods and over the fields with the other children is much more exciting than the dull playground where they live in town.
And now look: rain, rain and more rain! But while Felix is scowling out of the window to see whether the rain is going to stop, he sees that the door to the bell tower on the old church is standing ajar.

"Come on, Lisa, let's go and have a look around the bell tower. The door's open!"

Lisa is a bit worried.

"What if the sexton closes the door again while we're up there?"

Mischievously, Felix answers,

"Don't worry. Do you know what we'll do then? We'll just ring the bell – I bet it won't take long for the sexton to come back then!"

Da muss Lisa lachen und lässt sich auf das kleine Abenteuer ein. Schnell huschen sie über den Platz zwischen dem Haus ihres Onkels und der Kirche und schlüpfen durch die angelehnte Tür. Vorsichtig steigen sie die steile Holztreppe hoch, die oben auf einer kleinen Plattform endet – direkt unter der Glocke der alten Kirche. Durch die Luke haben sie einen schönen Blick über das Dorf.

„Schau mal, wie weit man sehen kann",

ruft Lisa Felix zu. Der ist aber inzwischen damit beschäftigt, sich weiter in dem Glockenturm umzusehen. Und plötzlich ruft er ganz leise:

„Lisa, komm mal her, da oben hängt so was ganz Komisches! Ich glaube fast, das ist ein Tier!"

Lisa ist ganz erschrocken:

„…iiih, das sieht ja wie eine aufgehängte Ratte aus!"

„Von wegen Ratte …"
hören sie da eine feine, etwas beleidigt klingende Stimme.

Lisa laughs and agrees to the little adventure. They scamper across the square between their uncle's house and the church and slip through the half-open door.
Carefully they climb the steep wooden staircase that leads to a small platform right underneath the church bell. Through the opening they have a wonderful view over the village.

"Look how far you can see,"

Lisa calls to Felix. But he is now busy looking round the bell tower.
Suddenly, he calls softly,

"Lisa, come over here. There's something strange hanging up there. I think it might be an animal!"

Lisa is frightened:

"Eeeeeew, it looks like an upside-down rat!"

"What do you mean, a rat?!"
says a thin, hurt voice.

Beide Kinder blicken sich erschrocken um. Ist da noch jemand im Turm? Nein, nichts zu sehen. Und dann kommt erneut das helle Stimmchen:

„Also, das mit der Ratte kann ich nicht auf mir sitzen lassen – ich denke, da muss ich mich und meine Verwandten richtig vorstellen und euch etwas aus unserem Leben berichten.
Ja, hier an diesem Platz sehen natürlich nur wenige Menschen unsereins, aber bei anderen Gelegenheiten habt ihr einige von uns vielleicht schon gesehen, ohne dass ihr so richtig darauf geachtet habt!
Deshalb hört jetzt gut zu, was ich euch zu erzählen habe."

Both children look round in shock. Is there someone else in the tower? No, there's no sign of anyone else. Then the spindly voice comes again:

"No, I really can't let that rat comment pass. I think I need to introduce myself and my relatives properly and tell you something about our lives.
Well, of course, only a few people see animals like us up here, but you may have come across some of us before in other places without realising.
So listen carefully to what I'm going to tell you."

Kobold Mausohr und die Fledermäuse

Es ist ein schöner warmer Sommerabend. Ihr habt im Garten gegrillt und dürft ein bisschen länger aufbleiben, weil Ferien sind. Langsam wird es dunkel. Die Gartenvögel verstummen nacheinander und verziehen sich in ein sicheres Versteck für die Nacht.
Doch da taucht ganz plötzlich mit flatterndem Flug ein kleines Lebewesen auf und huscht lautlos über die freie Rasenfläche des Gartens – und jetzt noch eins… und noch eins …! Jetzt taucht eins direkt neben der Straßenlaterne auf und ihr könnt beobachten, wie das Tierchen nach den Insekten schnappt, die sich dort angesammelt haben. Das kann doch kein Vogel sein: keine Federn, kein Schnabel und die Flügel sehen irgendwie auch ganz anders aus! Ich möchte vorstellen: das sind wir, die Kobolde der Nacht, **die Fledermäuse**.

Kobold Mouse-Ear and the bats

Imagine a beautiful, warm summer's evening. You've had a barbecue in the garden and you've been allowed to stay up a little longer because it's the summer holidays. It's starting to get dark. The birds fall silent one after another and move off to safe hiding places for the night. Suddenly, a small fluttering creature appears and flits silently over the open lawn. Then comes another… and another! One appears right next to the street lamp and you can see how the creature snaps up the insects that have gathered there. It can't be a bird, can it? It doesn't have any feathers, or a beak, and its wings look very different too!
Let me introduce you to the pixies of the night: **bats**.

Na ja, mit den Mäusen haben wir Fledermäuse eigentlich nichts am Hut, wir sind mit ihnen nicht mal näher verwandt. Aber es ist verständlich, dass die Menschen uns früher für **„fliegende Mäuse"** gehalten haben mit unserem kleinen runden Körper, dem graubraunen Pelz und den dunklen Knopfaugen. Aber der Vergleich mit einer Ratte – nein, danke! Und eins unterscheidet uns von den Mäusen ganz erheblich: **Wir können fliegen, und zwar ganz toll!** Dazu haben sich unsere Finger ganz stark verlängert und zwischen den Fingern und unseren Armen sind breite Häute gespannt, die bis zu den Hinterbeinen und sogar bis zum Schwanz reichen! Diese Häute bilden also große Flügel, aber ohne Federn wie bei den Vögeln. Aber mit diesen **„Hautflügeln"** können wir trotzdem ganz prima fliegen!

Humans used to think we were **flying mice**. Bats don't actually have anything to do with mice – we're not even related to them – but I can understand why humans thought that, because we have small round bodies, grey-brown fur and dark button eyes. But to be compared to a rat – no thank you! There is one thing that makes us very different from mice: **we can fly. In fact we fly extremely well!** For this, our fingers have grown very long and we have wide membranes between our fingers and our forelimbs (arms) that stretch as far as our hind legs and even down to our tail! These membranes form big wings, but without the feathers that birds have. Even with our **'webbed' wings** though, we can still fly fantastically well!

Das ist auch dringend nötig, da wir uns von fliegenden Insekten ernähren, z.B. den fiesen Stechmücken, die euch mit ihren juckenden Stichen so zusetzen, oder den Motten, die den teuren Pullover eurer Mutter ruiniert haben und viel anderem Krabbelgetier.
Doch dazu erzähle ich später mehr.

And we need to, because we feed on flying insects, like those horrid midges that pester you with their itchy bites, and the moths that ruined your mother's expensive pullover, and lots of other creepy-crawlies.

I'll tell you more about that later.

Was Schlauberger wissen:

Im Laufe der Jahrmillionen, in denen sich die heutigen Tiere entwickelt haben, hat sich die Fähigkeit zum aktiven Flug bei Wirbeltieren drei Mal ganz unabhängig voneinander ausgebildet. Es gab vor langer, langer Zeit die Flugsaurier, mit riesigen Flügeln, die ähnlich wie die Schwimmhäute bei Enten und anderen Wasservögeln, aus einer festen Haut bestanden, die zwischen ihren Armen und dem Körper ausgespannt wurde. Diese Saurier sind aber schon lange ausgestorben. Dann gibt es die Vögel, die mit Hilfe von Federn an den zu Flügeln umgestalteten Vorderbeinen die Fähigkeit zum Fliegen erworben haben, und als Drittes die Fledertiere, zu denen unsere heimischen Fledermäuse gehören. Alle anderen „fliegenden" Tiere, von denen ihr vielleicht schon einmal gehört habt, wie Flughörnchen oder fliegende Fische, können gar nicht „richtig" fliegen, sie können nur mit Hilfe von Flossen oder besonders geformten Häuten am Körper von oben nach unten gleiten, wie ein von euch aus Papier gefalteter Segler.

What smartypants know:

Over the millions of years it has taken for today's animals to evolve, vertebrates have developed powered flight on three completely separate occasions. Long, long ago, there were pterosaurs, which had huge membrane wings, like the webs on the feet of ducks and other water birds, that stretched from their forelimbs to their body. But those flying dinosaurs died out long ago. Then there are the birds, which have evolved flight with the help of feathers attached to forelimbs shaped into wings; and thirdly the Chiroptera, an order to which European bats belong.
All other 'flying' animals that you might have heard about, like flying squirrels and flying fish, don't really fly at all – they just glide like a paper aeroplane with the help of special fins or membranes on their bodies.

Arm des Menschen
Human arm

Flügel eines Flugsauriers
Pterosaur wing

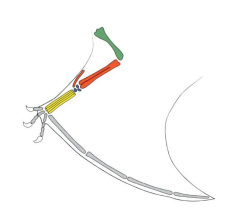

Flügel eines Vogels
Bird wing

Flügel der Fledermaus
Bat wing

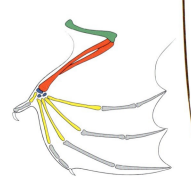

So, jetzt wisst ihr, **dass ich, Kobold Mausohr, eine Fledermaus** bin und euch aus meinem Leben erzählen will. Aber das Leben verschiedener Fledermäuse kann ganz unterschiedlich verlaufen, da hätte ich viel zu viel zu erzählen, soviel Platz ist gar nicht in diesem Buch! „Fledermäuse" sind eine ganze Gruppe von Tieren, wie die Vögel oder die Fische. Und sicher wisst ihr schon, dass sich z.B. das Leben einer Amsel ganz stark von dem eines Storches oder einer Ente unterscheiden kann, auch wenn sie alle „Vögel" sind. Und auch das Leben der Fische ist ganz unterschiedlich. So lebt eine Forelle im Bach ganz anders als ein Hecht im Karpfenteich oder etwa ein Delfin im Meer…
Lisa:

„Moment mal, Kobold Mausohr, was hast du da gerade gesagt: Ein Delfin? Du willst mich wohl auf den Arm nehmen, Delfine sind doch keine Fische, auch wenn sie im Meer schwimmen und so ähnlich aussehen, das weiß doch sogar schon mein kleiner Bruder ..!"

O.k., o.k., ich wollte euch ja nur testen. Klar weiß ich, dass Delfine keine Fische sind, sondern Säugetiere, wie ihr und ich.
Felix:

„Ach, du bist auch ein Säugetier – auch wenn du so klein bist und fliegen kannst?"

So, now you know **that I, Kobold Mouse-Ear, am a bat**, and I want to tell you about my life.
However, different types of bat lead very different lives.
I would have to explain far too much and there isn't enough space in this book!
Bats are a whole group of animals, like birds or fish. And I'm sure you already know that the life of a blackbird, for instance, can be very different from the life of a stork or a duck, even though they are all called 'birds'. And even fish live very different lives – a trout in a stream lives very differently from a pike in a pond or a dolphin in the sea…
Lisa:

"Just a minute, Kobold Mouse-Ear, did you just say a dolphin? You must be pulling my leg. Dolphins aren't fish even if they do swim in the sea and look like fish. Even my little brother knows that!"

Okay, okay. I was just testing you. Of course I know that dolphins aren't fish. They are mammals like you and me.
Felix:

"Oh, so you are a mammal too – even though you're so small and you can fly?"

Ja, wir Fledermäuse werden als kleine, hilflose Babies geboren und die erste Zeit unseres Lebens von unseren Müttern nur mit ihrer Milch aufgezogen – wie die Schafe, Kühe, Affen oder ihr Menschenkinder. Deshalb sind auch wir Säugetiere. Jetzt habt ihr mich aber mit euren Fragen ganz aus dem Konzept gebracht, ich wollte euch doch von den verschiedenen Fledermausarten erzählen. Also, die meisten Fledermäuse leben in warmen Regionen der Erde - weltweit sind es mehr als 1000 verschiedene Arten, selbst hier bei uns in Deutschland gibt es immerhin 23 verschiedene Arten. **Ja, und eine davon bin ich, Kobold Mausohr, ein Großes Mausohr – und ich werde euch vorwiegend von meinem Leben erzählen.** Aber da es auch ganz spannende Geschichten von meinen näheren oder weiteren Verwandten gibt, bekommt ihr zunächst davon etwas zu hören. Die Unterschiede in meiner Verwandtschaft fangen schon damit an, dass wir verschieden groß sein können.
Meine kleinsten Verwandten hier bei uns sind die Zwerg- und Mückenfledermäuse, deren Körper mit 3 bis 5 cm nicht größer ist als der einer Maus und bei denen die Spannweite der Flügel weniger als 20 cm beträgt. Dagegen ist mein größter europäischer Verwandter, der Riesenabendsegler, mit einer Körperlänge von 8-10 cm und einer Flügelspannweite von 41-46 cm doppelt so groß.

Yes, we bats are born as tiny, helpless babies and feed only on our mothers' milk to start with – like sheep, cows, monkeys and you human children.
That's what makes us mammals too.
Now you've distracted me with all your questions.
I was going to tell you about the different types of bat. Well, most bats live in warm parts of the world.
There are over 1000 different species worldwide and even here in Germany there are 23 different bat species.
And I'm one of them. I'm Kobold Mouse-Ear, a greater mouse-eared bat, and I'm going to tell you mainly about the way I live. But because I also know some exciting stories about my close and not-so-close relatives, I'm going to tell you a bit about them first. The differences between us start with our size.

My smallest relatives in Germany are the common pipistrelle and the pygmy pipistrelle whose bodies are just 3 to 5 cm long, making them no bigger than a mouse.
Their wingspan is less than 20 cm.
My biggest European relative, the giant noctule bat, is 8-10 cm long and has a wingspan of 41-46 cm, which makes it twice as big as the pipistrelles.

Und fast die gleichen Maße haben auch wir Große Mausohren, die größte Art hier in Deutschland.
Und dann gibt es noch die weiter entfernten Verwandten, die Flughunde, deren Körper die Länge eines kleinen Hundes hat und deren Spannweite der Flügel bis zu 1,70 m beträgt.

Stellt euch doch mal einen fliegenden Dackel vor – so groß sind die ungefähr!
Diese Verwandtschaft lebt aber nicht hier bei uns, sondern nur in den heißen Regionen Afrikas und Asiens.
Und deren Lebensweise als Pflanzenfresser ist so anders als unsere, dass das eine eigene Geschichte für sich ist.

Große Unterschiede gibt es auch darin, wo wir wohnen. Ja, wir Fledermäuse brauchen zum Schutz vor Feinden und vor der Witterung Orte, wo wir am Tag ruhen und unsere Jungen ungestört aufziehen können.
Und besonders im Winter benötigen wir Räume, wo wir vor Kälte, Schnee und Eis geschützt sind.

We greater mouse-eared bats are almost the same size, making us the largest species of bat in Germany.
Then there is my more distant relative, the flying fox or fruit bat, whose body is the same length as a small dog and whose wingspan measures up to 1.70 m. Imagine a flying dachshund – that's about how big they are!
But those relatives of mine don't live here in Germany. They only live in the hot regions of Africa and Asia.
They are herbivores and their way of life is so different from ours that it's a whole separate story.

The kinds of places we live in are very different too.
We bats need places to shelter from enemies and from the weather – places where we can rest during the day and bring up our children in peace.
Particularly in winter we need somewhere to shelter us from the cold, snow and ice.

Lisa:

„Aber Kobold Mausohr, Du willst mir doch wohl nicht erzählen, dass ihr kleinen Bürschchen mit den großen Flügeln selbst Wohnungen baut, wie die Vögel ihre Nester. Ich hab noch nie etwas von einem Fledermausnest gehört!"

Stimmt, wir Fledermäuse können selbst keine Nester oder Höhlen bauen. Früher war es für uns ganz einfach, geeignete Wohnungen zu finden und ein Teil meiner Verwandtschaft wohnt auch heute noch vorwiegend in natürlichen Höhlen im Gestein. Andere ziehen in Höhlungen oder größere Rindenspalten, die sich in alten, morschen Bäumen gebildet haben, oder in Höhlen, die von Spechten gezimmert worden sind.

Solche natürlichen Wohnungen wurden aber mit der Zeit immer seltener, weil die Menschen die alten Bäume abgeholzt haben und natürliche Höhlen vom Menschen geschlossen oder genutzt wurden. Aber wir Fledermäuse sind ja nicht blöd, sondern lernfähig und gewitzt und so nutzten wir immer öfter Wohnungen, die uns von Menschen eher „unfreiwillig" zur Verfügung gestellt wurden. So zogen wir in Kirchtürme, Dachböden und Kellerräume ein, wir besiedelten Bergwerksstollen und Nistkästen für Vögel.

Lisa:

"But Kobold Mouse-Ear, surely you're not trying to tell me that you little creatures with your big wings build your own houses, the way that birds build nests. I've never heard of a bat's nest!"

You're right. We bats can't build nests or caves. We used to be able to find suitable homes very easily and even today, some of my relatives still live mainly in natural caves in the rocks. Others move into hollows or large cracks in the bark of old rotten trees, or into holes carved by woodpeckers. However, these natural homes are becoming rarer and rarer because humans have cut down the old trees and have sealed up or used the natural caves.

Und einige meiner Verwandten sind auch ganz bescheiden – sie benötigen nur schmale Nischen hinter Holzstapeln, Fensterläden oder enge Gebäudespalten. Vielen Menschen sind wir Fledermäuse aber etwas „unheimlich" und sie lieben es gar nicht, wenn wir in ihrer Nähe wohnen - und unsere etwas unangenehmen „Hinterlassenschaften" an unseren Ruheplätzen mögen sie noch viel weniger…
Felix:

„Ach so …, na klar, auch Fledermäuse müssen mal müssen…., und das fällt dann einfach zu Boden und kann sich mit der Zeit zu ganz schönen Bergen türmen. Und, na ja, es wird wohl auch nicht so gut riechen."

Tja, stimmt. Und deshalb haben viele Menschen uns von unseren bisherigen Wohnungen in ihren Räumen ausgeschlossen – was für uns wirklich bedrohlich geworden ist. Deshalb ist es ganz wichtig, dass wir Freunde unter den Menschen finden, die etwas für uns und unseren Wohnbedarf tun.

Und ich hoffe, dass wir gute Freunde werden, wenn ihr alles über mein spannendes Leben erfahrt und dass ihr dann dabei mithelfen werdet, dass ich und meine Verwandten geeigneten Wohnraum finden.

We bats aren't stupid though. We know how to adapt and we're smart, so we are increasingly making use of homes that humans provide without meaning to. We have moved into church towers, attics and cellars, and we have taken up residence in mine tunnels and nesting boxes intended for birds. Some of my relatives are very modest – all they need is a narrow space behind a log pile or shutter, or a narrow gap between buildings. Lots of people find us a bit creepy though. They aren't very keen on us living near them, and they are even less keen on the rather unpleasant droppings that collect in our resting places…
Felix:

"Oh, of course, even bats have to poo sometime…, and then it lands on the floor and after a while it could pile up. And, well, it probably won't smell very nice either."

Yes, you're right. That's why lots of people have stopped us using our old homes inside buildings. It has become a real threat to us, so it's very important that we make friends with humans who will help us find somewhere to live.
I hope we will become good friends once you know everything about my exciting life, and I hope you will help me and my relatives to find suitable homes.

Was Schlauberger wissen:

Fledermäuse benötigen drei verschiedene Arten von „Wohnungen". Während des Sommers brauchen sie Tagesverstecke, um vor Feinden sicher zu sein, und „Wochenstuben", in denen sie ihre Jungen aufziehen. Im Winter benötigen sie Räume, in die kein Frost eindringt und wo sie ihren Winterschlaf halten können. Einige Fledermausarten sind dem Menschen gefolgt und bewohnen Gebäude, oft einzeln in kleinen Höhlungen und Spalten, aber einige Arten bilden auffallende, große Kolonien in Dachräumen. Einige Fledermausarten sind aber ganz im Wald geblieben und leben einzeln in Baumhöhlen, ziehen aber auch in Nistkästen für Vögel oder spezielle Fledermauskästen ein.

What smartypants know:

Bats need three different kinds of 'home'. During the summer they need daytime hiding places where they will be safe from their enemies, and they need nursery roosts to bring up their children in. In the winter they need places to protect them from frost, where they can hibernate. Some types of bat have followed humans and live in buildings – often on their own in small cavities and crevices, although some species build conspicuous large colonies in attics. However, some types of bat have stayed in the forest and live on their own in hollow tree trunks, or move into nesting boxes intended for birds, or into special bat boxes.

So, jetzt wisst ihr etwas über die Wohnungen der Fledermäuse, aber wir benötigen nicht nur Schutz vor Feinden und Wetter, sondern wir müssen ja auch fressen, um zu leben. Und da sind wir – bis auf ein paar Ausnahmen – ziemlich einseitig. Wir jagen Insekten. Tja, und da haben wir eine ganz tolle Jagdmethode erfunden. Die ist wirklich einmalig, das könnt ihr mir glauben!
Lisa und Felix im Chor:

„Na ja, Kobold Mausohr: „einmalig…" übertreibst Du da nicht ein bisschen?"

Dass ihr das aber auch gleich merken müsst! Richtig, es gibt auch noch andere Tiere, die ähnliche Methoden entwickelt haben, aber wir Fledermäuse haben sie perfektioniert, wir sind ganz sicher darin Spitze!! Und das müssen wir auch sein.
Wir sind ja nicht die einzigen Tiere, die von Insekten leben, da ist die Konkurrenz groß! Tagsüber sind uns die Vögel mit ihren leistungsfähigen Augen glatt überlegen, aber nachts sehen die meisten Vögel nicht so gut, da sind wir mit unserer raffinierten Jagdmethode im Vorteil!
Lisa:

„Aber, Kobold Mausohr, da stimmt doch was nicht: wenn die Vögel nachts nichts mehr sehen und deshalb keine Insekten mehr fangen können – wieso könnt ihr das dann?"

So, now you know something about bat homes. But shelter from enemies and the weather isn't the only thing we need. In order to live, we also need to eat. And in this we bats are – with a few exceptions – about the same: we hunt insects. And we have invented a really great hunting method that no one else uses. Believe me, it's totally unique!
Lisa and Felix:

"Now, Kobold Mouse-Ear, are you sure that 'unique' isn't a bit of an exaggeration?"

Trust you two to pick up on that straight away! You're right – there are other animals who have developed similar hunting methods, but we bats have perfected it. We are definitely the best at it!! And we need to be. After all, we're not the only animals that live on insects, so there's a lot of competition! In the daytime the birds have an advantage when it comes to hunting insects because their eyes are fantastic for seeing during the day. But at night we have the upper hand, thanks to our sophisticated ultrasonic location method.
Lisa:

"But Kobold Mouse-Ear, that doesn't make sense: if the birds can't see in the night to catch insects at night, how can you?"

Das ist es ja eben! Wir Fledermäuse haben eine ganz tolle Methode erfunden: Wir sehen die Insekten mit unseren Ohren!
Felix:

„Also nee, das kann ich nicht glauben. Mit den Ohren kann ich doch nur hören!"

Doch, doch, wir können mit unseren Ohren sozusagen „akustisch" sehen. Also, wie soll ich euch das am besten erklären? Vielleicht habt ihr schon einmal etwas von einer „Ultraschalluntersuchung" beim Arzt gehört? Tja, die Menschen haben unsere Technik da nämlich übernommen. Als ihr beide noch Babies in dem Bauch eurer Mutter gewesen seid, hat der Arzt mit Ultraschall geschaut, ob auch alles mit euch in Ordnung ist. Bei dieser Untersuchung erzeugt ein Gerät Töne, die viel **„höher"** (Ultra) sind, als das menschliche Ohr sie hören kann. Wenn diese Schallwellen auf einen bestimmten Gegenstand treffen, werden sie zurückgeworfen. Das ist wie das Echo in den Bergen.

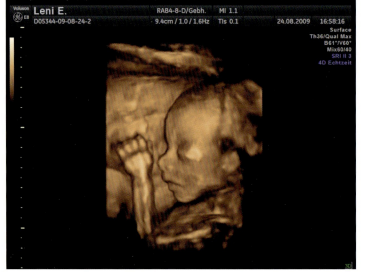

That's the point! We bats have invented a fantastic hunting method: we 'see' the insects with our ears!
Felix:

"No, I don't believe that. I only hear with my ears!"

It's true, though, we use our ears to 'see' using sound. What's the best way to explain it to you? Maybe you have heard about the ultrasound scans that doctors do? Well, humans have borrowed our technique. When you two were still babies in your mummy's tummy, the doctor used ultrasound to see whether you were okay. In that kind of examination the doctor uses an ultrasound device which makes sounds that are far **too high** pitched to be heard by the human ear. When these sound waves hit an object they bounce back, like an echo in the mountains.

Das Gerät des Arztes fängt diese zurückkommenden Schallwellen auf und macht daraus ein richtiges Bild. So konnte eure Mutter euch schon sehen, bevor ihr überhaupt auf der Welt ward.
Tja, und so funktioniert unsere „Echoortung", mit der wir uns orientieren und im Dunkeln Insekten fangen:
Wir stoßen entweder über das Maul oder über die Nase Rufe aus, die so hoch sind, das der Mensch sie nicht hören kann.
Diese Rufe werden von der Umgebung zurückgeworfen und von den Ohren wieder „aufgefangen". Und unsere Ohren sind so empfindlich, dass wir die winzigsten Veränderungen des zurückkommenden Schalls registrieren und genau wissen, wie weit ein Gegenstand entfernt ist, wie groß er ist und welche Form er hat. Wenn ihr uns also abends vermeintlich „lautlos" durch die Luft flitzen seht – von wegen lautlos!
Wir machen einen ganz schönen Krach da oben. Ihr könnt es nur nicht hören.
Aber es gibt spezielle Geräte, die heißen **„Fledermausdetektoren"**, mit denen werden unsere Rufe so verändert, dass auch ihr sie hören könnt.

The doctor's machine catches these returning sound waves and makes a picture out of them. That's how your mother managed to see you before you were even born.
Well, that's how our 'echolocation' method works as well. We use it to find our way and catch insects in the dark.
We produce sounds through our mouth or nose that are so high pitched that humans can't hear them.
These sounds bounce back from our surroundings and our ears pick them up again. Our ears are so sensitive that we register the slightest change in the echo and know exactly how far away an object is, how big it is and what shape it is.
So when you see us flitting about 'noiselessly' in the evening we're actually making lots of noise!! We make quite a racket up there – it's just that you can't hear it.
But there are some special machines called **'bat detectors'** that can alter the sounds we make so that you can hear them too.

Was Schlauberger wissen:

Damit Fledermäuse sich nicht gegenseitig bei der Echoortung stören, funktioniert ihr Rufsystem ähnlich wie beim Radio, bei dem der Bayerische Rundfunk nicht dem Süddeutschen oder dem Hessischen Sender reinredet; oder wie bei einem Handy – da spricht auch jeder auf einer anderen Wellenlänge, die man Frequenz nennt. Jede Fledermaus hat ihre eigene spezielle Wellenlänge, mit der sie ihre Rufe ausstößt und wieder auffängt. So hört sie immer nur die eigenen Rufe und wird durch die Laute der anderen Fledermäuse nicht gestört.

What smartypants know:

So that bats don't get in each other's way when they are using echolocation, their calling system works a bit like a radio, with different radio stations on different wavelengths so that they don't interfere with each other, or like a mobile phone with everyone talking on a different frequency.

Every bat has its own special wavelength for emitting and receiving sounds. This means that each bat only hears its own calls and is not disturbed by the sounds made by other bats.

Zwergfledermaus	Graues Langohr	Große Hufeisennase
Common pipistrelle	Grey long-eared bat	Greater horseshoe bat

Und das ist noch ein Punkt, in dem wir verschiedenen Fledermäuse uns unterscheiden: Wir haben ganz spezielle Strukturen an den Nasen und Ohren entwickelt, mit denen wir die Laute ausstoßen und wieder empfangen.

Weil unsere Ohren und Nasen aus diesem Grund ganz unterschiedliche Formen ausgebildet haben, haben uns die Menschen so lustige Namen wie Hufeisennase, Großes und Kleines Mausohr, Graues und Braunes Langohr oder Mopsfledermaus verpasst.

That's another thing that different types of bat do differently: we have developed special structures in our noses and ears for emitting and receiving sounds.

**As a result, our ears and noses look very different.
This is why humans have given us such funny names – like
horseshoe bat,
greater and lesser mouse-eared bat,
grey and brown long-eared bat,
and barbastelle.**

Felix:

„Sag mal, Kobold Mausohr, was konntet ihr Fledermäuse eigentlich früher: Fliegen oder Echoortung? Es gibt ja noch andere Wirbeltiere, die sich mit Hilfe von Ultraschall orientieren – zum Beispiel die Wale und Delphine, aber auch Spitzmäuse. Hat sich die Echoortung vielleicht zuerst bei gemeinsamen nicht fliegenden Vorfahren ausgebildet und später erst eure Flügel?"

Das ist mal wirklich eine gute Frage! Die Antwort darauf kennt man auch erst seit ganz kurzem. Erst im Jahr 2008 haben einige neugierige Forscher herausgefunden, dass die Fledermäuse zuerst das Fliegen „erworben" haben und danach erst die Echoortung. Die anderen Tiere haben diese Methode also unabhängig davon nochmal „erfunden"!

Lisa:

„Schon toll, was es in der Natur so alles für Erfindungen gibt. Ich staune schon darüber, wieso Fliegen oben an der Zimmerdecke rumlaufen, starten und landen können, ohne runterzufallen."

Felix:

„Aber so ganz dumm sind die Menschen auch nicht.

Felix:

"Tell me, Kobold Mouse-Ear, what did bats learn first: flying or echolocation? After all, there are other vertebrates that use ultrasound to help them find their way around: whales and dolphins, and even shrews. Maybe echolocation evolved in a common ancestor who couldn't fly and your wings came later?"

That is a very good question! And people only found the answer to it very recently. In 2008 some inquisitive researchers discovered that bats evolved flight first and that echolocation didn't come until later. This means that the other animals 'reinvented' echolocation on their own!

Lisa:

"It's quite amazing the things that get invented in nature. I even find it astonishing that flies can run around, take off and land on the ceiling without falling off."

Felix:

"But humans aren't stupid either.

Immerhin haben sie es in wenigen Jahren geschafft, die Ultraschallorientierung, für deren Entwicklung die Natur Millionen von Jahren gebraucht hat, in wenigen Jahren ganz neu zu entwickeln!"

Das stimmt, aber während ihr Menschen dafür ziemlich große und schwere Geräte braucht, machen wir das mit winzigen, raffiniert aufgebauten Strukturen in unseren Ohren!
Lisa:

„Wenn ich mir das alles so anhöre, was du da erzählst, komme ich aus dem Staunen gar nicht wieder raus. Ich glaube, es gibt für uns in der Zukunft auch noch eine ganze Menge zu entdecken!"

Da hast du sicher Recht - nun aber noch einmal zurück zu den verschiedenen Fledermäusen. Zum Schluss muss ich noch einen ganz speziellen Verwandten erwähnen, der sich in seiner Nahrung von mir und den anderen Fledermäusen total unterscheidet: das ist der Vampir.

After all, they needed only a few years to develop ultrasonic orientation from scratch – something it took nature millions of years to evolve!"

You're right there, but while humans need fairly large, heavy pieces of equipment for it, we do it using tiny, sophisticated structures in our ears!
Lisa:

"It's all so astonishing – I can't quite believe my ears. And I think there will be lots more things for us to discover in the future!"

I'm sure you're right, but let's get back to the different types of bat. I must just tell you about a very special relative of mine, who has totally different eating habits from the rest of us: I'm talking about the vampire.

Lisa:

"Eeh, Kobold Mausohr, das wird jetzt ja ein bisschen gruselig. Du willst uns doch nicht in das Reich von Dracula entführen? Zu den blutsaugenden Vampiren, die um Mitternacht aus den Gräbern steigen um ihre Zähne in den Hals armer Opfer zu schlagen und deren Blut auszusaugen?"

Doch, irgendwie schon! Du wirst es kaum glauben, aber es gibt tatsächlich blutsaugende Fledermäuse, und die werden auch Vampire genannt. Klingt aber viel schlimmer, als es ist. Die Kerlchen leben in Südamerika und werden nur wenige Zentimeter groß. Es sind Fledermäuse, die sich tatsächlich nur von Blut ernähren. Sie beißen kleine Wunden in die Haut ihrer „Opfer", meist Rinder, Schafe oder Pferde und lecken danach das austretende Blut aus. Die gebissenen Tiere merken kaum etwas davon, so klein ist die Wunde. Aber ganz sicher haben Erzählungen über diese Blutsauger die Geschichten um Dracula und seine Opfer angeregt!

Aber nun genug davon. Jetzt will ich endlich damit anfangen, euch aus meinem ganz besonderen Leben als Großes Mausohr zu berichten. Ihr werdet sehen – da wird es nie langweilig!

Lisa:

"Ooh, Kobold Mouse-Ear, this is starting to get a bit creepy. You're not taking us to Dracula's kingdom, are you? Where blood-sucking vampires come out of tombs at night and bite the necks of their poor victims to suck their blood?"

Well, in a way, yes I am! You probably won't believe it, but there really are blood-sucking bats, and they are called vampires. But it's not as bad as it sounds. The little fellows live in South America and are just a few centimetres long. But they really are bats and they do only feed on blood. They bite small holes in the skin of their 'victims', which are usually cows, sheep or horses, and then lick up the blood that trickles out. The holes are so small that the animals hardly notice they have been bitten, but I'm sure tales of these blood-sucking bats must have inspired the stories about Dracula and his victims!

But that's quite enough about them. I want to start telling you about my life as a greater mouse-eared bat. You'll see – it's never boring!

Kindheit und Jugend von Kobold Mausohr

So, hier hänge ich, Kobold Mausohr, in einer kleinen Nische des Glockenturms einer alten Kirche. Hübsch kopfunter, wie es sich für eine anständige Fledermaus seit Millionen von Jahren gehört.
Die Flügel dabei schön akkurat zusammengefaltet und mit den kräftigen Krallen der Fußzehen an einem Holzbalken festgehakt.
Ich bin nun ein ganzes Jahr alt und habe bereits viel erlebt, das kann ich euch sagen.

Kobold Mouse-Ear's childhood

Here I am, hanging in a small crevice in the bell tower of an old church. Upside-down, the way all respectable bats have hung for millions of years.

My wings are folded carefully together and I am holding on tightly to a wooden beam with my powerful claws.
I am a year old now and I have already seen a lot, believe me.

An meine Geburt kann ich mich natürlich nicht erinnern. Aber da ich einen Tagesunterschlupf in einer Nische gleich neben dem großen Hauptraum unter dem Kirchendach gefunden habe, habe ich von den ersten Lebenstagen eines neuen Mausöhrchens schon manches mitgekriegt. In dem Dachboden der Kirche hängen nämlich die Mausohr-Weibchen mit Ihren Jungen in der „Wochenstube". Dort bringen sie auch ihre Mausohrbabies zur Welt.
Lisa:

„Kobold Mausohr, warum sagst du zu dem Dachboden Wochenstube? Das habe ich noch nie gehört."

Ganz einfach, das ist ein Begriff, den ihr Menschen früher benutzt habt, als die Frauen ihre Kinder noch stets zu Hause bekamen. Als „Wochenstube" wurde der Raum benannt, in dem die Geburt erfolgte und in dem die Mütter danach noch mehrere Wochen mit ihrem Baby blieben, um sich von der Geburt

Of course, I can't remember my own birth. But since I have found a daytime roosting place in a crevice right next to the church's main roof space, I have seen and heard quite a bit about the first few days of a baby mouse-eared bat's life. The roof space is where the female mouse-eared bats hang with their children.
It's called the **'nursery roost'**.
And that's where they give birth to their babies.

Lisa:
„Hallo, Kobold Mausohr, da habe ich gleich noch eine ganz wichtige Frage: Wenn die Fledermaus-Mütter auch bei der Geburt kopfunter an der Decke hängen, wieso fallen die kleinen Fledermausbabies nicht runter, wenn sie aus dem Bauch der Mutter kommen?"

Tja, das habe ich mich auch gefragt und deshalb ganz genau hingeschaut:
Kurz vor der Geburt dreht sich die Fledermaus-Mutter mit dem Vorderkörper etwas nach oben und hakt sich auch mit den Daumenkrallen ihrer Flügel an dem Balken fest, an dem sie hängt. Dabei bildet sie mit der Flughaut am hinteren Ende des Körpers eine richtige kleine Wiege, in die das winzige Fledermausbaby rutscht, wenn es aus dem Körper der Mutter kommt. Das Kleine ist dann noch fast nackt und blind, aber es hat schon ganz kräftige Füße und Krallen. Damit krabbelt es an der Mutter hoch bis zu den Milchzitzen, an denen es sich dann festsaugt. **Damit das Neugeborene den Weg richtig findet und die Mutter später an der Stimme erkennt, ruft die Mutter das Kleine sofort nach der Geburt mit leisen tsett-tsett-tsett-Rufen und leckt ihr Baby schön sauber ab.**

Lisa:
"Hey, Kobold Mouse-Ear, I have another very important question: If the mummy bat hangs upside-down from the ceiling when she gives birth, why doesn't the baby bat fall down when it comes out of its mummy's tummy?"

Well now, I wondered that too, so I watched very carefully:
Just before the mummy bat gives birth, she pulls her upper body upwards and holds onto the beam with her thumb claws as well. Hanging like this, the wing membrane at the lower end of her body forms a little cradle for the tiny bat baby to slide into when it comes out of its mummy's tummy.
The little bat is almost completely naked and blind, but it already has very strong feet and claws.
It uses them to crawl up its mother until it reaches her teats, from which it sucks milk.

To help her newborn baby find its way and recognise her by her voice later on, the mother calls to it the moment it is born using a soft tsett-tsett-tsett sound and licks it clean.

Dann heißt es erst mal tüchtig Milch saugen, denn gleich in der ersten Nacht muss das Kleine alleine am Hangplatz bleiben, da die Mutter zur Nahrungssuche nach draußen muss. Das bleibt dann so die nächsten Tage: tagsüber schön in das warme Fell der Mutter gekuschelt und tüchtig Milch saugen und nachts am Hangplatz auf die Mutter warten. Die geht, mit einigen Pausen, in denen das Junge wieder ein bisschen trinken darf, draußen auf Insektenfang.

Then the baby gulps down lots of milk because even on its very first night it will have to stay at the roosting spot on its own while its mother goes out to hunt for food. The same thing happens on the following days: during the day the baby snuggles into its mother's warm fur and drinks plenty of milk, and at night it waits at the roost for its mother to return. She goes out to catch insects, but comes back to rest from time to time and lets her baby drink a little.

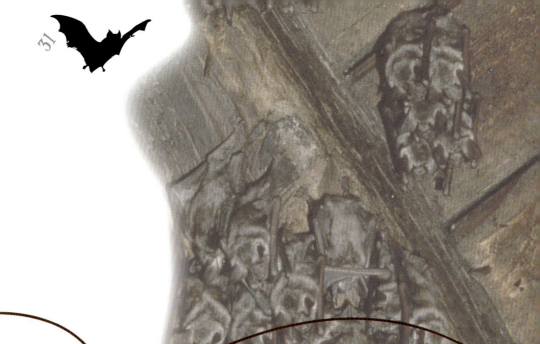

Was Schlauberger wissen:

In der Regel bekommt ein Großes Mausohr nur ein einziges Junges pro Jahr, ganz selten auch Zwillinge. Diese Einzelkinder werden von ihren Müttern sehr gehätschelt und umsorgt. Die Mausohr-Väter halten dagegen nichts von Kinderpflege, sie verziehen sich in eigene kleine Tagesverstecke und überlassen die ganze Arbeit den Müttern in den großen Wochenstuben. Hier hängen meist ganz viele Mausohr-Mütter mit ihren Jungen in einem großen Raum zusammen, dabei oft in dicht gedrängten Gruppen.
Bei den Großen Mausohren kümmern sich die Mütter immer nur um ihr eigenes Baby. Wenn sie zur Jagd ausfliegen, bleibt ihr Junges an dem gewohnten Platz hängen. Bei anderen Fledermäusen gibt es dagegen richtige „Kindergärten", wo sich andere Fledermausfrauen um ganze Kindergruppen kümmern und auf sie achten, wenn die Mütter zur Nahrungssuche ausfliegen.

What smartypants know:

Usually, a greater mouse-eared bat has only one baby each year, although very occasionally a bat will have twins. The mother takes good care of her baby.
Daddy bats don't like looking after children at all. They go to their own small daytime roosts and leave everything to the mothers in the big nursery roosts.
There are usually lots of mummy mouse-ears hanging with their children in one big space, often in crowded groups.
Among the greater mouse-eared bats, each mother only looks after her own baby.
When she flies out to hunt, the young bat hangs in its usual place.
Other types of bat have proper nurseries where other female bats look after whole groups of children and watch them while their mothers fly out to hunt for food.

Nach etwa 5-10 Tagen sind die Augen der kleinen Mausöhrchen offen und sie haben am Rücken ein flauschiges Fell bekommen. Noch am Bauch der Mutter sitzend, fangen sie mit den allerersten Streckübungen mit den Flügeln an.

Tja, und aus dieser Zeit gibt es ein Erlebnis, an das ich mich noch sehr, sehr gut erinnern kann. Da habe ich nämlich den allerersten richtigen Schreck in meinem Leben bekommen!

Meine Mutter ist kurz nach Sonnenuntergang aus unserem großen Dachboden ausgeflogen, um sich mit Insekten voll zu futtern, damit sie richtig gute Milch für mich bilden kann. Da hänge ich also an unserem Hangplatz und fange an, mich zu langweilen. Ein bisschen mehr möchte ich doch von der Umgebung mitbekommen – und meine allerersten Flatterübungen am Bauch meiner Mutter habe ich ja auch schon gemacht. Also, hangele ich mich doch mal ein Stückchen rüber, wo das kleine Mausohr-Mädchen der Nachbarin hängt. Na, das geht doch schon ganz gut, bin bestimmt schon 20 cm näher gerutscht.

After 5-10 days, the little bat's eyes are open and it has fluffy fur on its back. It starts practising wing stretches while still sitting on its mummy's tummy.

Something happened when I was that age that I still remember very clearly. That was the first real shock of my life!

My mother had flown out of the big roof space soon after sunset to eat lots of insects so that she would have good milk for me. So there I am, hanging from our normal roosting spot and I start to get bored. I'd like to find out a bit more about my surroundings, and I've already had a bit of practice at flapping my wings while I was sitting on my mother's stomach. So I claw my way along a bit to where the neighbour's little girl is hanging. I'm doing really well. I'm sure I'm already 20 cm closer to her.

Jetzt noch um diesen Balken herum und da – au weia! – der Holzsplitter, an den ich mich hängen will, ist locker! Hilfe, ich falle ….!!

Ich versuche noch, meine Flügelchen so schnell wie es geht, auszubreiten
- gut, ein bisschen kann ich den Sturz damit abfangen, aber fliegen, nein, das klappt noch nicht.
Mit einem bösen Bauchplatscher lande ich recht unsanft unten auf dem Boden.

Ich habe jedoch Glück – hier liegt noch Sägemehl von den letzten Dacharbeiten, so falle ich relativ weich und verletze mich nicht.

Tja, Kobold Mausohr, was nun?
Wie komme ich wieder nach oben?
Verzweifelt flattere ich mit meinen noch sehr weichen Flügeln, aber damit komme ich nicht vom Boden weg.
Ob meine Mutter inzwischen wieder von ihrem Jagdausflug zurück ist?
Verzweifelt fiepe ich da unten am Boden. Aber es passiert nichts! So langsam versagt mir schon die Stimme.

Now I just need to go round this beam and – oh dear! – the splinter of wood that I wanted to hang onto is loose! Help, I'm falling….!!

Quickly, I try to spread my little wings – at least I can stop myself falling quite so fast, but can I fly?
No, not yet.
I fall to the floor and land flat on my tummy with a hard belly flop.

I'm lucky though – there is still some sawdust on the floor from the last time the roof was repaired, so I have a relatively soft landing and don't injure myself.

Well, Kobold Mouse-Ear, what now?
How can I get back up there?
I flap my wings in desperation, but they are still very soft and I can't get off the ground.
Maybe my mother has come back from her hunting trip and has noticed I'm not there?

In a panic, I start calling from down there on the floor. But nothing happens! My voice is starting to fail.

Doch jetzt scheinen wieder ein paar Mausohrweibchen durch die Luke von draußen gekommen zu sein. Ich nehme meine letzten Kräfte zusammen und fiepe mir die Seele aus dem Hals. Endlich – ein Schatten nähert sich und antwortet mir – tatsächlich, meine Mutter hat mich gehört! Sie kommt näher und beschnüffelt mich ganz genau. Ja, es stimmt, das ist ihr kleiner Kobold Mausohr, der da unten ganz unglücklich hockt und fiept. Erleichtert kralle ich mich in ihr Fell, und sie fliegt mit mir zusammen wieder nach oben. Jetzt aber ganz schnell an an die Brust für einen großen Schluck von der guten Muttermilch – das beruhigt mich. Ich zittere noch immer vor Schreck.
Felix:

„Da hast Du aber wirklich gewaltiges Glück gehabt, Kobold Mausohr, sonst wärst Du wahrscheinlich erfroren oder verhungert, wie es manchem abgestürzten Fledermaus-Kind passiert."

Wait, I think some more female mouse-eared bats have just come in through the opening.
I gather my last strength and call for all I'm worth.
At last! A shadow draws near and answers my call.
My mother has heard me! She comes close and sniffs me all over.
Yes, it really is her little Kobold Mouse-Ear cowering on the floor and calling so pitifully.
Relieved, I cling onto her fur and she flies with me back up to our roosting place.
Now for a big gulp of my mother's milk to calm me down.
I'm still shaking from the shock.
Felix:

"You were incredibly lucky, Kobold Mouse-Ear. You would probably have frozen or starved to death otherwise.
That's what happens to lots of baby bats who fall off their roosts."

Was Schlauberger wissen:

Fledermaus-Mütter halten mit ihren Jungen engen Kontakt über Stimmfühlungslaute, die auch wir Menschen zum Teil hören können. Neben der Stimme ist aber auch der Geruch ein ganz wichtiges Erkennungszeichen. Fledermäuse haben in den Wangen Talgdrüsen, die zusätzlich Duftstoffe produzieren. Hiermit wird nicht nur der Hangplatz eingerieben, sondern auch das Junge. So wird beides von dem Weibchen als „Ihres" markiert. Bei der Rückkehr von den Jagdflügen finden die Fledermaus-Weibchen ihr Junges mit Hilfe der Stimme und des Geruchs auch aus einer größeren Gruppe immer wieder heraus.

What smartypants know:

Mother bats stay in close contact with their children by calling. Even humans can hear some of these calls. Smell is also a very important means of identification.
Bats have sebaceous glands in their cheeks that produce scents.
The mother bat spreads these scents on her roosting place and on her baby. Both are then marked as belonging to her.
When she comes back from hunting, a female bat can always identify her child even in a large group by its voice and by its smell.

Ja, das war mir eine Lehre. Damit mir das so schnell nicht wieder passiert, fange ich sofort mit richtigen Flugübungen an! Ich bin jetzt drei Wochen alt, da muss ich meine Flugmuskulatur kräftigen und die Technik üben. Außerdem habe ich inzwischen auch ein richtig dichtes Fell bekommen, so dass meine Haut nun gut geschützt ist.

Lisa:

„Aber wie lernt man denn fliegen, wenn man an der Decke hängt? Wenn du dich von dem Balken loslässt, fällst Du dann nicht einfach wieder runter?"

Da hast du völlig Recht. Deshalb mache ich zuerst „Trockenübungen" am Körper meiner Mutter. Ich öffne die Flügel immer wieder und mache Streck- und Flatterübungen und lerne, wie man die Flügel auch schnell wieder richtig zusammenfaltet.
Nach ein paar Tagen habe ich das Gefühl, ich könnte einen ersten echten Flugversuch starten. Ich klettere dazu etwas an einem der senkrechten Balken, die den Dachstuhl tragen, herunter.

Well, I've learnt my lesson. I don't want to do that again in a hurry, so I start proper flying practice straight away! I'm three weeks old now, so I have to strengthen my flying muscles and practise my technique. I now have really thick fur as well, which protects my skin.

Lisa:

"But how do you learn to fly when you're hanging from the ceiling? Don't you just fall off when you let go of the beam?"

You're quite right. That's why I do test runs on my mother first. I keep spreading my wings; I practise stretching them and flapping them and learn how to fold them together again quickly. After a few days I feel ready to make my first real flying attempt. To do this, I climb a little way down one of the vertical roof supports.

Jetzt loslassen, Flügel ausbreiten und rüber zu dem nächsten Balken – geschafft! Hier hänge ich noch etwas außer Atem vor Aufregung, aber das muss ich doch gleich nochmal probieren.
Also wieder ein Stück höher geklettert und wieder los zum nächsten Balken.
Na, das klappte ja schon ganz gut! Jetzt noch ein Versuch zurück, dann habe ich für heute aber genug. Da klettere ich das letzte Stück des Weges zu unserem Hangplatz besser zu Fuß zurück. Dort ist inzwischen meine Mutter wieder eingetroffen, so dass ich gleich zur Stärkung nach diesem aufregenden Ausflug einen guten Schluck Milch nehmen kann.
Felix:

„Aber Kobold Mausohr, jetzt habe ich dazu eine wichtige Frage: Bei deinen Flugübungen im Kirchendach ist es doch fast vollständig dunkel – wie findest du denn da überhaupt den nächsten Balken?"

Gut, dass du fragst, das hätte ich sonst fast vergessen zu erklären.

Then I let go, spread my wings and fly across to the next beam – made it! Still a little breathless with excitement, I hang onto this one for a bit, but then I'm determined to try again.
So I climb back up a bit and launch myself over to the next beam.
That was really good!
One more trip back and that will be enough for today. I think I'd better climb the last bit back to our roost on foot.
My mother is back, so I can take a nice big gulp of milk to refresh me after my exciting trip.
Felix:

"But Kobold Mouse-Ear, I have an important question about that: When you are practising flying in the roof space, it's almost pitch dark – how do you find the next beam?"

I'm glad you asked that. I might have forgotten to explain otherwise.

Wie ich euch schon ganz am Anfang erzählt habe, haben wir Fledermäuse eine tolle Technik entwickelt, mit der wir auch im Dunkeln „sehen": die Ultraschallorientierung. Mit ihr orientieren wir uns im Dunkeln und finden auch unsere Nahrung.

Bevor ich mich also in die Weite des Dachbodens stürze, schicke ich kurze Rufe in das Dunkel hinein.

Wir Mausohren geben mit offenem Mund kurze, zunächst sehr hohe und dann immer tiefer werdende Laute (Signale) ab.

Der Schall wird dann von den Gegenständen in der Umgebung als Echo zurückgeworfen. Meine Ohren sind so empfindlich, dass sie genau messen können, wie schnell der Schall zurück kommt. Je schneller er zurück kommt, desto näher ist der Gegenstand.

Und je nachdem, auf welchem Ohr der Ton früher ankommt, weiß ich, ob der Gegenstand sich rechts, links oder geradeaus von mir befindet. Ich kann sogar erkennen, wie groß und wie fest oder weich er ist! Aber auch das muss ich als kleines Mausohr erst einmal lernen, so wie ihr das Verstehen und Sprechen eurer menschlichen Sprache auch erst lernen müsst. Deshalb übe ich das vor meinem ersten Abflug ganz gründlich und nehme mir viel Zeit für die Ortung, bevor ich losfliege.

As I told you right at the beginning, we bats have developed a great technique for 'seeing' in the dark: echolocation. This is how we navigate in the dark and find food. So before I launch myself into the wide roof space, I send out short calls into the darkness. We mouse-eared bats use our open mouths to make short sounds or signals that start very high and get gradually deeper.

The sound bounces back as an echo off objects in our surroundings. My ears are so sensitive that they can measure exactly how fast the echo comes back. The faster the sound comes back to me, the closer the object is.

And depending on which ear the sound reaches first, I can tell whether the object is to the right of me, or to the left or straight ahead. I can even tell how big and how solid or soft it is! But that's something else we young mouse-eared bats have to learn first, in the same way that you have to learn to understand and speak your human language when you are little. So I practise hard before my first flight and take my time working out what's around me before I take off.

Was Schlauberger wissen:

Fledermäuse messen die Entfernung eines Gegenstandes als „Zeitmessung".
Die Geschwindigkeit des Schalls beträgt in der Luft 331 Meter pro Sekunde (also 1192 km pro Stunde, das ist etwa 10 mal schneller, als ein Auto „mit 120 Sachen" auf der Autobahn fährt). Bei einem Gegenstand, der 10 Meter entfernt ist, kommt der Schall deshalb in 60 Tausendstel Sekunden wieder zurück (30 Tausendstel für den Hin- und 30 Tausendstel für den Rückweg). Bei einem Gegenstand, der 20 Meter entfernt ist, kommt er erst nach 120 Tausendstel Sekunden wieder zurück. Das kann eine Fledermaus unterscheiden, so gut ist ihr „Zeitempfinden"!

What smartypants know:

Bats measure the distance between themselves and an object as a time measurement. Sound travels through air at a speed of 331 metres per second (1192 km per hour, which is about ten times faster than a car doing 75 mph on the motorway). If an object is 10 metres away, the echo comes back in 60 thousandths of a second, or 60 milliseconds (30 milliseconds for the sound to reach the object and 30 milliseconds for the echo to travel back). If an object is 20 metres away, the sound takes 120 milliseconds to come back. A bat can measure time so accurately that it can tell the difference between the two objects!

In den nächsten Tagen übe ich noch ein bisschen mehr meine Ortungsrufe und meinen Segelflug und merke dabei, dass meine Flügel kräftiger werden und mich bald richtig tragen können. Und weil ich so fleißig übe, kann ich am Ende meiner vierten Lebenswoche auch tatsächlich meine erste richtige „Flugrunde" durch den Dachstuhl drehen.

Das ist auch gut so, denn ich merke, dass meine Mutter inzwischen ein bisschen darauf drängt, dass ich auch selbst mal nach draußen fliege und mich im Insektenfang versuche. Da ich jetzt ja schon fast so groß wie eine erwachsene Fledermaus bin, benötige ich immer mehr Milch – und das geht natürlich auf die Dauer nicht so weiter. Also, Kobold Mausohr – jetzt heißt es, allen Mut zusammennehmen – heute Abend geht es ab nach draußen.

Was mich da wohl erwarten wird?

Die Dachluke, durch die unsere Mütter immer ausfliegen, kenne ich schon, da bin ich bei meinen Flugversuchen schon nahe dran vorbei gekommen. Vielleicht sollte ich am besten kurz nach Sonnenuntergang hinaus fliegen, da ist es noch nicht ganz dunkel und ich kann auch meine Augen noch zur Hilfe nehmen. Gesagt, getan. Nun ist es soweit, Abflug vom Hangplatz … - und ab durch die Luke.

Over the next few days I practise my orientation calls and my gliding a bit more and notice that my wings are getting stronger and will soon be able to support my weight properly.
And because I practise so hard, at the end of my fourth week I am able to go on my first proper flying tour of the roof space.

A good thing too, because I've noticed that my mother is starting to urge me to fly outside and have a go at catching insects myself.
Now that I'm almost as big as a fully grown bat I need more and more milk – and things can't go on like this forever.

So, Kobold Mouse-Ear, you need to pluck up all your courage.
This evening you are going outside.

I wonder what it will be like?

I already know which opening our mothers always fly out of. I have flown close to it on some of my flying attempts.
It might be best if I fly out shortly after sunset. Then it won't be completely dark yet and I can use my eyes to help me as well.
No sooner said than done.
It's time to go.
I take off from my roosting place and set off to fly out through the opening.

Oh je, da wäre ich doch fast mit einem großen Mausohr-Weibchen zusammengestoßen! Gerade noch rechtzeitig abgedreht, die ältere Dame hat Vorfahrt. Kobold Mausohr, da musst Du noch besser aufpassen!
Gut, aber jetzt auf zu einem nächsten Versuch. Und dann bin ich wirklich draußen!

Oh dear, I nearly bumped into a big female bat! I just managed to turn away in time.
She's older than me and she has right of way. Really, Kobold Mouse-Ear, you must pay more attention!
But now for another attempt. This time I really do make it outside!

Aber wie geht's dann weiter – wohin wende ich mich bloß? Meine Ortungsrufe helfen mir hierbei nicht so recht – bis auf das Kirchendach ist alles zu weit entfernt, da klappt es mit dem Echo nicht so richtig, das ist mehr was für den Nahbereich. Also erst einmal die Gegend etwas erkunden.

Ich fliege am besten in Kreisen immer etwas weiter von der Luke weg – so sehe ich, was um unsere Kirche herum noch so ist, und ich kann ganz schnell wieder zurück in den sicheren Dachboden.

Ein paar große Bäume und einige Häuser sind auch in der Nähe, die sollte ich mir gleich einprägen, damit ich den Ort auch gut wiederfinde, wenn ich mal weiter weg fliege.

So, für heute reicht es mir, ich fliege besser wieder zurück in den Dachstuhl, ehe es ganz dunkel wird. Noch habe ich ja die sichere Milchquelle meiner Mutter.

Aber ich weiß, in kurzer Zeit muss ich mir meine Nahrung selbst suchen, da verlassen die Mausohrweibchen die Wochenstuben in dem Dachboden und meine Mutter wird nicht mehr für mich da sein.

Felix:

„Also, Kobold Mausohr, dein Programm für die nächsten Tage: immer wieder schön ab nach draußen für Flugübungen und Vorbereitungen für eine erste Insektenjagd."

But what next? Which way should I go? My orientation calls aren't really much use out here.

Apart from the church roof, everything is too far away and the echo doesn't work properly. It's more for locating objects nearby.

So I think I'll explore the area a bit first.

I fly in circles that take me further and further from the opening – that way I can see what is around our church and I can quickly dive back inside where it's safe, if necessary.

There are a few big trees and some houses nearby. I ought to remember them so that I can find the place again easily if I fly further away sometime.

Anyway, that's enough for today. I'd better fly back inside before it gets completely dark.

For the moment I know I can still get milk from my mother.

I know that I will soon have to look for my own food though.

The female mouse-ears are starting to leave the nursery roosts under the roof and my mother will no longer be there for me.

Felix:

"So, Kobold Mouse-Ear. Your tasks for the next few days are going outside for flying practice and making preparations for your first insect hunt."

Kobold Mausohr geht auf Jagd

Lisa:
„So, Kobold Mausohr, nach deinem Bericht bist du nun bereits fünf Wochen alt und damit fast erwachsen. Wie lange willst du noch am Bauchfell deiner Mutter hängen und dich durchfüttern lassen? Erzähl uns endlich von deinem ersten richtigen Jagdausflug!"

Na ja, ich muss zugeben, so langsam möchte ich auch mal was Anständiges zwischen meine spitzen Zähne kriegen – die Milch hängt mir inzwischen ziemlich zum Hals raus. Die Milchzähne sind mir auch schon ausgefallen und die neuen sind bereits da und möchten mal so richtig zubeißen. So ein knackiger Laufkäfer – das ist doch was anderes für ein so großes Mausohr wie ich es inzwischen bin. Aber ich gebe zu – so ganz geheuer ist mir dieser erste Jagdausflug nicht. Muss wohl doch etwas gefährlich sein, da draußen im Dunkeln. Das Mausohrmädchen von nebenan, das zwei Wochen älter war als ich, ist vor ein paar Tagen von einem ihrer nächtlichen Ausflüge nicht zurück gekommen.

Was ihr wohl passiert ist? Angst hin, Angst her, es hilft nichts, ich muss meinen Mut zusammen nehmen und raus ins Dunkel.

Kobold Mouse-Ear goes hunting

Lisa:
"Well, Kobold Mouse-Ear, according to you, you are now five weeks old, which means you are almost grown up. For how much longer are you going to carry on clinging onto your mother's stomach fur and letting her feed you?
Tell us about your first proper hunting trip!"

Well, I must admit, I would like to get some solid food between my sharp teeth – I'm getting a bit fed up of milk now.
My milk teeth have already fallen out and my new ones have come through and are eager to bite into something.
A crunchy beetle for instance – that would be something for a big mouse-eared bat like me. I admit though, that I'm a bit nervous about this first hunting trip.
It must be a bit dangerous out there in the dark. The little girl bat from next-door who was two weeks older than me didn't come back from one of her night-time trips a few days ago.

What can have happened to her? Frightened or not, there's nothing for it.
I will have to pluck up my courage and go out into the dark.

Meine Mutter ist schon vor einer Weile mit den anderen Erwachsenen ausgeflogen. Jetzt folgt ein Jungtier nach dem anderen, da will ich doch nicht den Jammerlappen spielen. Und ich hatte ja schon einen ersten Ausblick bei Dämmerung gehabt, da sah eigentlich draußen alles ganz friedlich aus.

Also, ab durch die Luke, zwei Runden gedreht – auch wenn es dunkel ist, die Silhouette der Kirche und der Häuser rundum erkenne ich wieder. Nun muss ich schauen, dass ich ein gutes Jagdrevier finde. Es ist ja Hochsommer, da wimmelt es überall von Insekten, da werde ich schon was finden. In einiger Entfernung höre ich die Rufe anderer Mausohren, dorthin mache ich mich gleich mal auf den Weg. Was sehe ich? Eine frisch gemähte Streuobstwiese – das könnte ein gutes Jagdrevier sein.

My mother flew out with the other grownups a while ago. Now the young bats are following one after the other.
I don't want to be a sissy.
And I did have a first look outside in the dusk and everything actually looked very peaceful out there.

So, out through the opening, and two circuits round the tower – even though it's dark, I can recognise the silhouette of the church and the surrounding houses. Now I need to find a good place for hunting. It's the middle of summer. The whole place is swarming with insects, so I'm sure to find something. Some way away, I can hear some other mouse-ears calling, so I set off in the same direction. What's this I see? A freshly mown meadow with fruit trees. That could be a good place for hunting.

Was Schlauberger wissen:

Damit Fledermäuse die unterschiedlichen Lebensräume der Insekten gut ausnutzen und auch mehrere Fledermaus-Arten im gleichen Gebiet nebeneinander leben können, haben sie recht unterschiedliche Jagdtechniken entwickelt. Es gibt kleine und wendige Arten, die im freien Luftraum fliegende Insekten erbeuten, andere fliegen an Büschen und Bäumen entlang und suchen diese nach Nahrung ab und manche haben sich darauf spezialisiert, über dem Wasser zu jagen. Mausohren sind als die größte einheimische Fledermausart etwas schwerfällig im Flug, sie haben sich auf die Jagd auf Bodeninsekten spezialisiert. Sie fressen vorwiegend Laufkäfer, Käferlarven und Heuschrecken. Nur wenn bestimmte fliegende Insekten in Massen auftreten, machen sie sich auch über die her. Das sind zum Beispiel Maikäfer, Schnaken oder der Eichenwickler, eine Schmetterlingsart, deren Raupen ganze Eichenwälder kahl fressen können.

What smartypants know:

Bats have developed very different hunting techniques so that they can make good use of the different insect habitats, and so that several different types of bat can live close together in the same area. There are small, agile species that catch flying insects in the open air. Others fly along bushes and trees looking for insects there, and some have specialised in hunting over water. Mouse-eared bats are the largest species of bat in Germany and are a bit clumsy when they fly. They specialise in hunting insects on the ground. They mainly eat ground beetles, beetle larvae and grasshoppers. They do sometimes eat certain flying insects, but only when they appear in large numbers. These include may-bugs, crane flies and the green oak moth. Green oak moth caterpillars can strip whole oak forests bare.

So, Kobold Mausohr, jetzt heißt es gehörig aufpassen, die Ohren spitzen und horchen, was sich da unten so tut. Ich fliege in Kreisen immer tiefer zum Boden und lausche auf Geräusche, die von unten kommen. Da, ein Rascheln, das könnte ein Käfer sein – oder eine dicke Heuschrecke. Also: Peilsender einstellen, Peilruf aussenden und auf das Echo warten. Ja, ich höre es deutlich, da drüben krabbelt ein Käfer über den Boden! Jetzt vorsichtig dicht über dem Boden anfliegen und direkt darüber mit ausgebreiteten Flügeln fallen lassen!

Mist, der Käfer war zu schnell, oder ich zu langsam, da ist er mir doch glatt unter einen nahen Stein entwischt.

Well, now I need to pay attention, prick up my ears and listen to what's happening down there. I fly in lower and lower circles, listening for sounds from below. There! That rustling could be a beetle, or a fat grasshopper. So... I tune my sonar system, send out a signal and wait for the echo. Yes, I can hear it clearly now. There's a beetle scuttling along the ground over there! I fly just above the ground and drop down directly over it with my wings outstretched.

Bother! The beetle was too fast, or maybe I was too slow. It managed to escape and hide under a stone.

Was Schlauberger wissen:

Fledermäuse finden ihre Beute nicht nur durch die Echoortung, sondern auch mit Hilfe ihres feinen Gehörs, mit dem sie eine Beute bereits aus etwa 4 Meter Entfernung ganz präzise orten können. Fledermäuse, die fliegende Insekten erbeuten, können bereits am Geräusch des Flügelschlages erkennen, ob die Beute langsam oder schnell fliegt.

What smartypants know:

Echolocation is not the only thing bats use to find their prey.
They also use their keen sense of hearing, which tells them exactly where their prey is from around four metres away.

Bats that feed on flying insects can tell from the sound of a wing beat whether their prey is flying slowly or fast.

Also alles noch einmal: Ohren spitzen und auf Geräusche achten, sicherheitshalber zusätzlich die Echoortung einschalten. Erneuter Anflug mit kurzem Rüttelflug und dann rasches Absenken mit ausgebreiteten Flügeln nach unten. Diesmal klappt es besser. Der Käfer ist unter meinen Flügeln gefangen. Kobold Mausohr, jetzt schnell zuschnappen. Hurra! Ich hab ihn! Aber autsch, dieser Mistkerl, hat mich doch glatt mit seinen kräftigen Kiefern in die Nase gebissen!
Das soll mir eine Lehre sein: Käfer immer am Kopf schnappen, dann gibt es keine Gegenbisse. Aber mit meinen spitzen Zähnen halte ich ihn trotzdem sicher fest, und er hat nicht die geringste Chance, mir zu entkommen. Ein bisschen ungewohnt, diese Kost, nach der reinen Milchnahrung, aber schmeckt nicht schlecht!
Nach einer kurzen Ruhepause in einer Baumhöhle mache ich mich wieder auf die Jagd. Noch ein paar weitere Käfer und eine schöne dicke Heuschrecke habe ich in dieser ersten Jagdnacht erwischt. So ganz satt bin ich nicht geworden, aber für den Anfang war es ganz gut, finde ich. Jetzt wird es langsam hell, da kehre ich lieber an meinen Hangplatz in der Kirche zurück und nehme noch einen kräftigen Schluck von der guten Muttermilch.

So, let's try again: I prick up my ears and listen for noises. I switch on my echolocation as well, just in case. I fly in again and drop down quickly with my wings spread out. This time it works better. The beetle is trapped under my wings. Grab him quickly, Kobold Mouse-Ear! Hooray! I've got him! But... ouch! The little devil has bitten me on the nose with his powerful jaws! Let that be a lesson to me: always snap up beetles by the head first, then they can't bite back. But I've got him tightly in my sharp teeth and there is no way he can escape. It's a little bit strange eating real food after living on only milk, but it doesn't taste at all bad! After a short rest in a tree hollow, I set off to hunt for more insects. On my first night I manage to catch a few more beetles and a nice fat grasshopper. I'm not completely full, but I think it was quite good for a first attempt. Now it's starting to get light, so I'd better go back to my roost inside the church and drink a mouthful of my mother's tasty milk.

Lisa:
„Ja, Kobold Mausohr, ein paar Tage wird deine Mutter dich sicherlich noch damit unterstützen, danach bist du aber bestimmt der beste Käferjäger vor Ort und benötigst die Milch nicht mehr!"

Nun bin ich eine ganze Woche lang immer zu der nahen Streuobstwiese geflogen und habe ganz ordentlich meine Jagdtechnik geübt und verbessert. Mir entwischt so schnell kein Käfer mehr! Und richtig am Kopf packen kann ich sie inzwischen auch. Aber mit der Zeit sind viele weitere junge Mausohren aus der Kinderstube unter dem Kirchendach ausgeflogen, um in der Nähe auf Nahrungssuche zu gehen. So kommen wir uns bei der Käferjagd direkt in die Quere. Da setze ich mich besser etwas davon ab – ich bin ja auch kein richtiger Anfänger mehr. Weiter hinten soll es einen lichten Laubwald geben, wo im Moment gerade die Eichenwickler schlüpfen – dort fliegt einem die Nahrung regelrecht ins Maul, habe ich mir von einigen älteren Mausohren sagen lassen. Also ab nach Norden, wo ich schon die Silhouette des Waldes sehe. Dort muss ich mir nur ein gutes Revier suchen, in dem mir noch nicht zu viele andere Mausohren die fette Beute streitig machen.

Lisa:
"Yes, Kobold Mouse-Ear.
Your mother is bound to help you for a few days yet.
And after that you're sure to be the best beetle hunter in the place and won't need milk any more!"

I've been flying to the meadow with the scattered fruit trees every night for a week now, and have practised my hunting technique a lot and am much better at it. No beetle will escape from me that easily again! And I know how to grab them headfirst now too. But, as time has gone by, lots more young mouse-eared bats have flown out of the nursery roost under the church roof to look for food nearby. We keep getting in one another's way when we're hunting beetles. I'd better move a bit further away. After all, I'm not a total beginner any more. There's supposed to be a thin deciduous forest further on where the green oak moths are just emerging from their cocoons. I've heard some of the older bats say that the food just flies into your mouth. So I fly north towards where I can already see the silhouette of the forest. Then I just need to find a good hunting place where there aren't too many other mouse-eared bats after the same tasty insects.

Hallo, das ist wirklich ein guter Wald. Da raschelt und krabbelt und rumort es an allen Ecken und Enden. Und kaum Unterholz! Hier kann ich gut fliegen und meine Beute gezielt orten.
Felix:

„Die Eichenwickler sitzen aber doch nicht am Boden wie die Käfer – wie kriegst du die denn zwischen deine spitzen Zähnchen?"

Du hast Recht, um die Eichenwickler zu erwischen, muss ich eine ganz andere Jagdtechnik anwenden als bei den Laufkäfern, tja, Kobold Mausohr ist ganz gewitzt und lernfähig! Die schon geschlüpften erwachsenen Eichenwickler, die Schmetterlinge, schwirren in der Dämmerung und nachts umher, um ein anderes Männchen oder Weibchen zu finden, oder um ihre Eier auf den Blättern abzusetzen. Und wenn es dann, wie in diesem Jahr, eine richtige Eichenwickler-Plage gibt, dann fliegen sie einem hungrigen Großen Mausohr so gut wie ins Maul.

There are bound to be some ground beetles there too, so I'm sure I'll have plenty to eat tonight. Hey, this really is a good forest. I can hear rustling and scuttling and murmuring from all directions. And there's hardly any undergrowth, so I can fly easily and tell exactly where my prey is.
Felix:

"But the green oak moths don't sit on the ground like beetles. How do you get your sharp teeth into those?"

You're right. To catch the green oak moths I have to use a very different hunting technique from the one I use to catch ground beetles. But, you know, Kobold Mouse-Ear is very smart and learns things quickly! The adult moths whirr around at dusk and at night to find another male or female moth or to lay their eggs on the leaves. And when there is a real plague of green oak moths, as there is this year, they practically fly into the mouth of a hungry greater mouse-eared bat.

Aber häufig sitzen sie auch auf den Blättern der Eichen. Und da sie farblich fast so aussehen wie ein Blatt, fühlen sie sich sicher. Aber da haben sie nicht mit Kobold Mausohr gerechnet! Ich bin doch nicht blöd, ich entdecke sie trotz ihrer Tarnfarbe auch im Dunkeln auf dem Blatt und pflücke sie da einfach runter.
Lisa:

„Mannomann, Kobold Mausohr, das ist ja wieder mal ganz toll, wie machst du das nur schon wieder?"

Ja, unser Echoortungssystem ist nicht nur prima geeignet, um Entfernungen zu messen, wir können damit auch Materialien unterscheiden! Und sowohl der harte Panzer des Körpers als auch die Flügel eines Schmetterlings haben eine ganz andere Beschaffenheit als das Blatt, auf dem er sitzt. Und das Echo meines Ortungsrufes kommt je nach Material unterschiedlich stark zurück, das ist der Trick bei der Sache. Die Eichenwickler, die jetzt gerade aus ihrer Puppenhülle kriechen, die sich in Spalten, Blattwickeln oder in der Erde befinden, die machen so einen Krach dabei, dass ich sie mühelos direkt über das Gehör orten und verspeisen kann. So kann ich mich in dieser Zeit jede Nacht ohne großen Aufwand richtig satt fressen und muss mir keine Milch mehr von meiner Mutter holen.

Often, though, they sit on the oak leaves. Since they are almost the same colour as a leaf they feel safe there. But they are forgetting about Kobold Mouse-Ear! I'm not stupid.
Despite their camouflage, I can find them on a leaf even in the dark and simply pick them off.
Lisa:

"Oh my goodness, Kobold Mouse-Ear. That's fantastic. How on earth do you do that?"

Well, our echolocation system isn't just great for measuring distances – we can also tell the difference between different substances! The hard casing of the moth's body and its wings have a very different texture from the leaf it sits on. And the echo that comes back from my call is strong or weak depending on the substance. That's the clever bit.
Green oak moths that are just crawling out of their cocoons in cracks, rolled leaves or in the soil, make such a racket that I can hear where they are straight away and eat them up. At this time of year I can easily fill my tummy every night and I don't need to get milk from my mother any more.

Was Schlauberger wissen:

Wie wichtig Fledermäuse für den Schutz des Waldes sein können, hat ein kluger Wissenschaftler ermittelt. Er hat bei einer Mausohrkolonie mit 800 Tieren errechnet, dass diese während eines Massenauftretens dieses Schädlings in einer Nacht zusammen etwa 55 Tausend Eichenwickler gefressen haben!

What smartypants know:

A hard-working scientist has worked out how important bats can be for protecting forests. He worked out that, between them, a mouse-eared bat colony of 800 bats ate around 55,000 green oak moths in one night during a mass invasion by these pests!

Gefährliche Zeiten für Kobold Mausohr

Das Jagdrevier im Eichenwäldchen hat sich als eine gute Adresse erwiesen. Seit einiger Zeit fliege ich nun dahin und konnte mir immer den Bauch so richtig vollschlagen. Zu diesem Wäldchen fliege ich auch heute Abend wieder. Den Weg kenne ich inzwischen ja sehr gut, und heute ist eine schöne, helle Mondnacht.
Erst im Höhenflug die drei Kilometer Strecke zum Wald zurücklegen, dann tiefer gehen und etwa 100 Flügelschläge zwischen den parallelen Reihen des Fichtenwaldes zurücklegen, dann in einer Kurve um die große Buche herum, dann 30 Flügelschläge den Weg entlang und dann nach rechts einbiegen in Richtung des Eichenwäldchens. Jetzt noch gut 20 Flügelschläge im Tiefflug….und dann…
Hoppla, autsch, da bin ich doch glatt gegen ein Hindernis geflogen!
Lisa:

„Auweia, Kobold Mausohr – du hast dich doch hoffentlich nicht verletzt?"

Dangerous times for Kobold Mouse-Ear

The oak forest turned out to be a good place to hunt. I have been flying there for a while now and have always managed to eat like a pig.
I'm going to the forest again this evening. I know the way really well now and today it's a beautiful, bright, moonlit night.
First I travel the three kilometres to the edge of the forest, flying high up in the air, then I drop down a bit and flap my wings about 100 times between the parallel rows of spruce trees.
Then I curve round the big beech tree, count 30 wing beats along the path and then turn right towards the oak forest.
Now it's just 20 wing beats low down near the ground, and then…
Ooops, ouch! I've just flown straight into something!
Lisa:

"Oh dear, Kobold Mouse-Ear – I hope you haven't hurt yourself?"

Puh, jetzt muss ich erst einmal alles überprüfen: Nase ist noch o.k., Flügel scheinen auch noch heil zu sein und die Füße auch. Nur oben am Kopf, da habe ich wohl einen leichten Kratzer abgekriegt, ist aber nicht so schlimm. Was ist denn hier nur los? Ich bin ganz sicher, gestern war das Hindernis noch nicht da! Das muss ich mir mal genauer anschauen. Also wieder hoch fliegen, eine Runde drehen und nicht vergessen: Echoortung einschalten!
Aha, da hat der Förster wohl heute tagsüber einen Maschendrahtzaun um die jungen Buchen gezogen, um sie vor den Rehen zu schützen. Die knabbern nämlich allzu gerne an der saftigen Rinde der jungen Bäume.

Phew, I just need to check everything: my nose is still okay, my wings seem to be in one piece too, and my feet. It's just the top of my head. I think I've probably scratched it a bit, but it's nothing serious.

So what's going on here then? I'm quite certain that obstacle wasn't there yesterday! I must take a closer look at it. So I fly up again, circle round and remember to switch on my echolocation.
Aha, it looks as if the forest warden put up a wire fence around the young beech trees today to stop them being chewed by deer.
Deer love nibbling the soft bark of young trees.

Felix:

"Aber Kobold Mausohr – wieso hast Du den neuen Zaun „übersehen"? Funktioniert dein famoses Echoortungsystem doch nicht immer so perfekt, wie du behauptest?"

Wieso ich ihn nicht bemerkt habe? Da ich den Weg doch so gut kenne, habe ich keine Peilrufe ausgestoßen. Wäre bei einem gut bekannten Weg glatte Energieverschwendung. Ich wäre außerdem schon heiser, ehe ich an meinem Jagdplatz angekommen bin! Aber gut, dass der Maschendrahtzaun nachgibt, da habe ich mich nicht wirklich verletzt.

Lisa:

„Ja, bei einem stabilen Jägerzaun aus Holz hättest du dir wahrscheinlich ganz ordentlich die Nase eingedrückt!"

Felix:

"But Kobold Mouse-Ear, how come you didn't 'see' the new fence? Maybe your famous echolocation system doesn't always work as perfectly as you claim?"

Why didn't I notice it? Because I know the way so well, I wasn't calling out to listen for echoes. That would have been a waste of energy on a familiar route. In any case, my voice would have been croaky before I reached my hunting grounds! It's a good thing the wire netting is a bit slack, so I didn't hurt myself badly.

Lisa:

"Yes, if it had been a solid wooden fence, you would probably have squashed your nose!"

Was Schlauberger wissen:

Fledermäuse haben ein hervorragendes Raumgedächtnis. In bekanntem Gelände fliegen sie oft ohne Peilrufe und dann stets die gleichen Bahnen. So kann es passieren, dass eine Fledermaus auch noch eine große Runde um einen Baum dreht, der inzwischen gefällt wurde, oder dass sie gegen ein neu errichtetes Hindernis fliegt.

What smartypants know:

Bats have an excellent memory for places. In familiar territory they often fly without calling out, and in this situation they always follow the same route. So it can happen that a bat will continue to fly in a big circle around a tree that has since been cut down, or that it flies into an obstacle that wasn't there before.

Schwein gehabt, Kobold Mausohr! Den Zaun muss ich mir nun merken. Jetzt also über den Zaun rüber geflogen und weiter in das Eichenwäldchen hinein. Aber mit den Eichenwicklern scheint es wohl langsam zu Ende zu gehen. Da werde ich mich wieder mehr auf die Bodenjagd konzentrieren, denn hier raschelt und knistert es ganz ordentlich – so mache ich bestimmt auch fette Beute. Da hinten höre ich ein besonders großes Exemplar eines Laufkäfers. Nichts wie hin, damit wird Kobold Mausohr bestimmt fertig! Ich horche noch einmal genau hin – ja, dort drüben, auf der kleinen Lichtung am Waldrand neben dem alten Baumstubben krabbelt er raschelnd über das alte Laub. Wie nun schon oft geübt, starte ich zum Tiefflug und lasse mich blitzschnell über dem Käfer auf den Boden absinken. Aber das Kerlchen ist groß und sehr kräftig und will absolut nicht gefressen werden! Und während ich noch mit dem Käfer kämpfe, verspüre ich über mir einen eigenartigen Luftzug und ein großer Schatten senkt sich von oben auf mich herab.

Bad luck, Kobold Mouse-Ear! I must remember that fence now.
But for now, I fly over it and carry on into the oak forest. It looks as though the green oak moths are slowly coming to an end though. So I'll need to concentrate more on hunting insects on the ground.
There's lots of rustling and crackling over here, so I'm sure I'll find plenty to eat.
I can hear an extra large ground beetle over there. Let's go! I'm sure Kobold Mouse-Ear can tackle him! I listen very carefully once more – yes, he's scuttling over the dead leaves by the old tree stump over there in the little clearing at the edge of the forest.
As I've practised so many times before, I set off low over the ground and drop down as quick as a flash on top of the beetle.
But the little chap is actually quite big and very strong, and is determined not to be eaten!
While I'm still battling with the beetle, I feel a strange rush of air above me and a big shadow drops down towards me.

Ich schaue nach oben, und oh Schreck, zwei große, im Mondlicht feurig glänzende Augen in einem bleich weiß erscheinenden Gesicht und zwei mit Krallen bestückte riesige Füße kommen direkt auf mich zu! **Alarm, Alarm! Eine Schleiereule hat mich in dem fahlen Mondlicht gesichtet und zu ihrer Beute auserkoren!** Kobold Mausohr, nun flieg, was du kannst! Ich schaffe es gerade noch, mich mit meinen Flügeln schräg vom Boden abzustoßen und in raschem Flug unter die Äste einer nahen jungen Buche ins Dunkel abzutauchen. Den Käfer muss ich aber bei dem Manöver krabbeln lassen. Möglichst lautlos flattere ich auf der anderen Seite der kleinen Buche nach oben und suche so schnell wie möglich zwischen den Bäumen das Weite.

Lisa:

„**Au ja, Kobold Mausohr, im Flug zwischen den Ästen kann die Eule dich kaum erwischen, sie jagt nur in offenem Gelände, aber dort am Boden der Lichtung am Waldrand hättest du leicht ihr Nachtmahl werden können! Da hast du wirklich nochmal Glück gehabt!"**

I look up and – oh horror! – two big eyes shining like fire in the moonlight in the middle of a pale face, and two huge feet with claws are coming straight at me! **Help, help! A barn owl has spotted me in the pale moonlight and has chosen me for his dinner!** Run, Kobold Mouse-Ear! Using my wings, I just manage to push off the ground at an angle and flit under the branches of a young beech tree, where I plunge into the darkness. I have to let the beetle go free though. On the other side of the little beech tree I flutter upwards as silently as I can and make my getaway as quickly as possible between the trees.

Lisa:

"Of course, Kobold Mouse-Ear. When you're flying between tree branches the owl won't be able to spot you. They only hunt in the open. But down on the ground in the clearing at the edge of the forest you could easily have ended up as supper! That was another really lucky escape!"

Ja, auch wenn ich noch hungrig bin – für's erste habe ich genug und ziehe mich lieber ganz schnell in mein nächtliches Ruhequartier zwischen den zusammengewachsenen Stämmen einer riesigen, alten Buche zurück.

Dort muss ich mich erst einmal von dem Schrecken erholen. Vielleicht schaffe ich es später ja wieder, ein paar Käfer zu erwischen. Aber dadurch habe ich nun gelernt, dass ich bei meiner Bodenjagd vorsichtig sein muss und ja nicht zu lange auf einer Stelle verweilen darf.

Lieber einen schönen großen Happen laufen lassen, als selbst ein Leckerbissen für ein größeres Tier zu werden!

Yes, even though I'm still hungry, I've had enough for the moment and would rather slip back to my night-time resting place between the entwined boughs of a huge old beech tree.

I need to recover from the shock first. Maybe I'll be able to catch a few beetles a bit later on.

But that's taught me that I have to be careful when I'm hunting insects on the ground and that I mustn't stay too long in one place.

It's better to let a nice big juicy snack escape than to become a dainty titbit for a bigger animal!

Der Mausohrensommer geht zu Ende

Inzwischen ist es Ende August geworden. Ich habe meine Jagdflüge noch etwas ausdehnen müssen, da nun alle jungen Mausohren auf die Jagd gehen und die Konkurrenz in der Umgebung unserer Kirche dadurch ganz schön groß geworden ist.

Wir Mausohren müssen uns alle noch einen tüchtigen Fettvorrat für den Winter anfuttern.

Aber die Nächte werden jetzt länger und damit auch die Zeit, in der wir aktiv auf die Jagd gehen können. In etwa 10 Kilometer Entfernung habe ich einen schönen, leicht feuchten Laubwald entdeckt, mit weit auseinander stehenden Bäumen und wenig Unterholz – ein ideales Jagdgebiet. Und genügend alte Bäume mit verlassenen Spechthöhlen, in denen ich dann meine nächtlichen Ruhepausen einlegen kann, gibt es dort auch. Aber für den Tag kehre ich doch noch meist in unsere alte, vertraute Kinderstube unter dem Kirchendach zurück. Als ich aber heute von meinem nächtlichen Jagdausflug zurückkehrte, herrschte dort helle Aufregung. Ein Steinmarder hatte sich über das Dach angeschlichen und eine Lücke in der Wandverschalung entdeckt, über die er sich in unseren Schlafraum unter dem Kirchendach gezwängt hatte. Über den großen Querbalken hat er sich an die dort hängenden Mausohren herangepirscht und tatsächlich eines erwischt!

A mouse-ear summer draws to a close

It's now the end of August. I have had to start making longer hunting trips because all the young bats are now out hunting for themselves and the competition near the church is quite intense.

We mouse-eared bats have to build up good fat reserves for the winter.

But the nights are getting longer now, which means we have more time for hunting. I've discovered a nice, slightly damp deciduous forest about ten kilometres away, where the trees are spaced wide apart and there isn't much undergrowth.
It's an ideal hunting spot. And there are enough trees with deserted woodpecker holes where I can stop to rest at night.
In the daytime though, I usually go back to my old, familiar nursery under the church roof.
Today, however, when I came back from my night-time hunting expedition, the place was buzzing with excitement.
A stone marten had crept up over the roof and found a hole in the boarding, through which he had squeezed into our bedroom under the church roof.
He sneaked up on the mouse-eared bats along one of the big crossbeams and actually caught one!

Der Schreckensschrei dieses armen Mausöhrchens alarmierte die anderen und als alle wie verschreckte Hühner in dem Dachboden umherflatterten, hat der Steinmarder noch ein zweites und drittes Mausohr fangen können!

Lisa:

„Da hast du wirklich Glück gehabt, dass du wegen deines weiten Weges zum neuen Jagdrevier schon recht früh aufbrechen musstest – so bist du diesmal nicht in Gefahr geraten!"

The poor mouse-ear's cry of alarm alerted the others and while they were all flapping around like frightened chickens, the stone marten managed to catch two more bats!

Lisa:

"You were really lucky that you had to leave early because you had such a long way to go to your new hunting place. That meant you weren't in danger this time."

Dieses Ereignis hat jedoch wie ein Startsignal zum Aufbruch aus der Wochenstube gewirkt. Noch am selben Tag verlassen viele der Mausohr-Mütter den Dachboden. Jetzt ist die Zeit zwischen Müttern und Jungen zu Ende.
Wir Mausohr-Jungtiere müssen ab jetzt komplett auf eigenen Füßen stehen, oder besser gesagt: an eigenen Füßen hängen.
Wir sind jedoch alle noch etwas verunsichert.
Wie werden wir mit dem neuen Leben ohne unsere Mütter und die schützende Gruppe in der Wochenstube fertig werden?
Ich, Kobold Mausohr beschließe, mit einem Umzug doch noch etwas zu warten. Denn dies war bislang das einzige Mal, dass es einem Steinmarder gelungen ist, in unseren Dachboden einzudringen. Der Küster hat, als er das Unglück bemerkte, die Lücke in der Dachverschalung ganz schnell verschlossen, so dass der Steinmarder nicht so einfach wieder Einlass findet.
Der Küster ist eben unser Freund und möchte seine Kobolde der Nacht vor allen Gefahren schützen. Außerdem, wer weiß, ob ich so schnell eine geeignete neue Unterkunft finde? So kann ich mich in aller Ruhe in meinem neu entdeckten Jagdrevier auf den langen Winter vorbereiten und verliere keine Zeit mit der Suche nach einem Zwischenquartier.

Anyway, the incident acted as a signal to move out of the nursery roost. That very same day, lots of the mother mouse-eared bats left the roof space. The mother-and-child time is over.
We young mouse-ears will have to stand on our own two feet from now on – or rather hang from our own two feet, which is very worrying.

How will we manage without our mothers and the protection of the group in the nursery roost?

I, Kobold Mouse-Ear, decide to wait a bit before moving out.
So far, this is the only time that a stone marten has managed to get into our roof space. And as soon as the sexton realised what had happened, he quickly sealed up the hole so that the stone marten won't be able to get in again so easily.

The sexton is a friend of ours and wants to protect his little pixies of the night against all dangers. Anyway, who knows whether I will be able to find a suitable new home that quickly? This way, I can take my time and prepare for the long winter in my new hunting ground and won't waste any time looking for a temporary place to stay.

Felix:
„Gut, Kobold Mausohr, du hast also deinen ersten Sommer noch etwas länger in der Wochenstube verbracht, aber wo bleiben denn dann die Mausohr-Weibchen? Zum Einzug in das Winterquartier ist es doch wohl Ende August, Anfang September noch zu früh?"

Ja, das hast du gut bemerkt, Felix.
Es stimmt, wenn unsere Mütter ab Ende August nach und nach ausfliegen, dann fliegen sie noch nicht gleich ins Winterquartier. Es wartet wieder eine wichtige Aufgabe auf sie. Ob ihr es glaubt oder nicht, sie müssen sich schon wieder um den Nachwuchs für das nächste Jahr kümmern!

Bei uns Fledermäusen gibt es nämlich noch eine ganz große Besonderheit gegenüber den meisten anderen Säugetieren.
Wie bei allen Tieren muss auch bei den Fledermäusen das Ei eines Weibchens mit dem Samen eines Männchens verschmelzen, damit ein neues Fledermaus-Kind entstehen kann.
Der Samen des Männchens wird bei der Paarung in den Bauch des Weibchens gegeben. Bei den meisten Tieren verschmelzen Ei und Samen gleich danach und das Ei beginnt, sich zu einem Baby zu entwickeln.

Felix:
"Good, Kobold Mouse-Ear.
So you spent a bit longer in the nursery roost during your first summer. But where do the female mouse-ears go? Surely it is too early for them to be moving into their winter quarters in late August and early September?"

Yes, that's a good point, Felix.
You're right – when our mothers start to leave the nursery roost from the end of August onwards, they don't go straight to their winter quarters. They have another important job to do first. Believe it or not, they have to start thinking about babies for next year!

There is something special about bats that is different from most other mammals.

For a new bat baby to be born, as with all animals, an egg from a female bat has to fuse with the sperm from a male bat.
When bats mate, the male sperm enters the female bat's body. In most animals, the egg and sperm fuse straight away and the egg starts to develop into a baby.

Das ist bei uns Mausohren – wie bei allen Fledermäusen – etwas anders. Im Herbst kommen Fledermaus-Weibchen und Männchen zusammen und das Männchen gibt seinen Samen bei der Paarung in den Bauch des Weibchens. Aber jetzt „marschiert" der Samen nicht gleich zu dem Ei des Weibchens, sondern er wird erst in einem kleinen Beutel gespeichert und muss dort den Winter über warten. Erst im frühen Frühjahr, wenn der Winterschlaf zu Ende geht, wird der Samen zu der Eizelle geschickt und verschmilzt mit dieser.

Erst dann fängt die neue kleine Fledermaus an, sich zu entwickeln.

So, und jetzt im Herbst ist also die Zeit, wo die Herren Mausohren endlich auch zu etwas Nutze sind. Die ganze Arbeit mit dem Säugen und Großziehen der Kleinen dürfen die Mamas alleine machen – die Mausohr-Herren haben sich den ganzen Sommer über abgesetzt und nur für sich alleine gesorgt. Jetzt aber, wenn die Mausohr-Damen die Wochenstuben verlassen, sind die Herren plötzlich sehr gefragt.

With us mouse-eared bats (and all other types of bat) things are a bit different. The female and male bats mate in the autumn and the male sperm enters the female's body.
But the sperm does not go straight to the female egg. Instead, it is stored in a little pouch inside her body and has to wait there until winter is over. It is not until the spring, when the bats start coming out of hibernation, that the sperm is sent to fuse with the egg cell.

Only then does the baby bat start to develop.

So, now that it's autumn it's time for the male mouse-ears to do something useful at last. All the work of feeding and raising the baby bats is done by the mothers on their own. The male bats have stayed away all summer and only looked after themselves. Now though, when the lady mouse-ears leave the nursery roosts, the men are suddenly in great demand.

Was Schlauberger wissen:

Die Weibchen der Großen Mausohren verlassen das Wochenstubenquartier ab Ende August bis Mitte September. Nach dem Ausfliegen aus der Wochenstube beziehen die Weibchen „Zwischenquartiere" in Hohlräumen in Bäumen, Holzstapeln und anderen Nischen.
Von hier aus besuchen sie die Männchen um Hochzeit zu halten.
Die Jungtiere bleiben meist länger in der Wochenstube, sie verlassen das Quartier in der Regel erst Ende September, Anfang Oktober. Meist suchen sie dann gleich nach einem geeigneten Winterquartier und gehen von dort aus weiter auf Insektenjagd.

What smartypants know:

Female greater mouse-eared bats leave the nursery roost between the end of August and the middle of September. Once they leave the nursery roost, the females move into temporary quarters in tree hollows, log piles and other crevices. From here they go looking for the males in their crevices to find a mate. The young bats usually stay longer in the nursery roost.
Most of them do not leave the nursery until the end of September or the beginning of October. They usually look for suitable winter quarters straight away and carry on hunting for insects from there.

Ich selbst bin, mit jetzt etwas über einem Jahr, noch zu jung, von mir wollen die Damen noch nichts wissen, aber ein Stückchen neben meinem Hangplatz hier im Glockenturm, da hängt ein Großes Mausohr im besten Mannesalter in einer schön geräumigen Nische. Ja, und jetzt geht es da hoch her in dieser Nische. Die Herren Mausohren sind sich nämlich auch noch zu fein, um selbst auf Brautschau zu gehen, nein, sie lassen die Damen bei sich an ihren Hangplätzen antanzen!

Lisa:

„Kobold Mausohr, dazu habe ich wieder eine Frage: wenn doch die Mausohr-Männchen ziemlich versteckt in Nischen und Höhlungen hängen, wie finden die Mausohr-Damen überhaupt zu ihnen?"

Tja, da werden die Herren dann doch etwas tätig. Sie verbreiten ganze Wolken von „Parfum". Das sind Duftstoffe aus den Wangendrüsen, auf die die Damen so richtig scharf sind - und sie stoßen dazu zirpende Laute aus. Durch Geruch und Werbegesang werden die Mausohr-Weibchen an die Hangplätze der Männchen gelockt, die jetzt zu den Hochzeitskammern werden. Das angelockte Weibchen bleibt oft mehrere Tage dort. Hier halten sie dann Hochzeit.

At just over a year old, I am still too young. The ladies aren't interested in me. But a little way from my roost in the bell tower hangs a greater mouse-eared bat of just the right age in a nice big niche. Yes, and things are getting a bit lively now in that niche. The mouse-eared gentlemen are too dignified to go looking for a bride themselves. Instead they get the ladies to come to them in their roosting place!

Lisa:

"Kobold Mouse-Ear, I have another question: if the male mouse-ears are hidden away in crevices and hollows, how do the lady mouse-ears find them?"

Well, the men do do something. They send out whole clouds of 'perfume' – scents from the glands in their cheeks that the ladies are very keen on – and they make chirping sounds. The perfume and music lure female mouse-ears to the male bats' roosting places, which then become marriage chambers. The female often stays there for several days and they mate.

Wenn das Weibchen sicher sein kann, dass es genügend Samen von dem Männchen erhalten hat, verlässt es die Hochzeitsstube wieder. Aber die Mausohr-Männchen halten nichts von ehelicher Treue. Nicht lange, nachdem das erste Weibchen abgeflogen ist, fängt das Männchen schon wieder an, mit viel Duftstoff und lautem Zirpen ein nächstes Weibchen anzulocken.

So kann das Männchen in einem Herbst 3 bis 4 Mal Hochzeit machen und damit seine Vaterschaft fürs nächste Jahr sichern. Na ja, und dann kümmert es sich gar nicht mal um seine Kinder! Das finde ich nicht ganz fair. Aber ich fürchte, wenn ich mich später bei der Kindererziehung einmischen würde, bekäme ich ganz schön Ärger mit den Müttern. Emanzipation der Väter ist bei Familie Mausohr nicht angesagt!

Bis in den Oktober hinein kann die Zeit der Hochzeiten gehen. Aber danach müssen die Mausohren schauen, dass sie auch wirklich gut angefuttert sind, denn mit den ersten kalten Nächten wird es Zeit, dass sie sich ein gutes Quartier für den Winter suchen.

When the female can be sure that she has enough sperm from the male, she leaves the wedding chamber again. However, male mouse-eared bats don't believe in staying faithful to their wives. Not long after the first female has flown off, the male starts using lots of scent and loud chirping to attract another female. A male bat can mate with three or four different females in one autumn and be sure of becoming a father the following year. But then he doesn't even look after his children! I don't think that's fair at all, but if I try to get involved in bringing up my children when I'm older, I think I will get into trouble with their mothers. There is no call for emancipated fathers in mouse-ear families!

Mating can continue into October. But then the mouse-ears have to make sure that they have eaten well, because when the first cold nights arrive, it is time for them to look for a good home for the winter.

Umzug in das Winterquartier

Brr….! Heute ist es tatsächlich ziemlich kalt. Wir haben Anfang Oktober, die Sonne hat sich weitgehend verzogen und einem ekligen, nasskalten Wetter Platz gemacht. Jetzt wird es höchste Zeit, dass ich mich um eine sichere Unterkunft für den Winter kümmere, denn hier unter dem Kirchendach gibt's keine Wärmedämmung! Da dringt bei Frost die Kälte ganz mächtig durch den Schiefer, da kann auch die Holzverschalung darunter nicht viel abhalten. Nichts für uns Große Mausohren zum Überwintern!
Lisa:

„Oh je, Kobold Mausohr, jetzt fangen sicher harte Zeiten für dich an.
Ich habe mich sowieso schon gefragt: Wovon lebt ihr Fledermäuse eigentlich im Winter? Verziehen sich da nicht alle Käfer, Falter und andere Insekten in den Boden oder an geschützte Stellen?"

Ja, das ist ein Problem, das wir mit den Vögeln und vielen anderen heimischen Tieren gemeinsam haben – im Winter wird das Essen knapp! Aber wir Tiere haben in Millionen von Jahren viele verschiedene Strategien zum Überleben entwickelt. So fliegen viele Vögel, die wie wir vorwiegend von Insekten leben, einfach „in die Sommerfrische" auf die andere Seite unserer Erdkugel. Denn wenn wir Winter haben, ist dort Sommer.

Moving to winter quarters

Brr…! It really is rather cold today. It's the beginning of October. The sun has largely disappeared and has given way to horrible, cold, damp weather. It's high time I found a safe home for the winter because here under the church roof there is no heat insulation! When there's a frost, the cold comes straight through the roof slates and the wooden boarding underneath them isn't much good at keeping it out. It's not a good place for us greater mouse-eared bats to spend the winter!
Lisa:

"Oh dear, Kobold Mouse-Ear, these must be hard times for you. Anyway, I was wondering: what do bats live on in winter? Don't all the beetles, moths and other insects disappear into the ground and other hiding places?"

Yes, that's a problem that we share with the birds and lots of other animals – in winter there is not enough food! But, over millions of years, we animals have developed lots of different survival strategies. Many birds, most of which feed on insects, just like us, simply fly to 'summer resorts' on the other side of the world. Because when it's winter here, it's summer over there.

Andere Tiere sammeln Nüsse, Eicheln, Bucheckern und Körner und legen sich Wintervorräte an, die sie dann nach und nach verspeisen. Aber die Lieblingsspeise von uns Mausohren, die Laufkäfer, lassen sich leider nicht so einfach irgendwo sammeln. Wenn sie noch lebendig sind, hauen sie einfach ab und wenn sie tot sind, vergammeln sie und sind nicht mehr essbar. Wir können uns also nur eine dicke Schicht Fett anfuttern und zusehen, dass wir den Winter damit überstehen.

Felix:

„Aber das sind doch mehrere Monate, die ihr ganz ohne Nahrung auszukommen müsst.
Das kann ich mir einfach nicht vorstellen! Mir knurrt bei großer Kälte schon nach ein paar Stunden der Magen."

Other animals collect stocks of nuts, acorns, beech nuts and grains and store them for the winter months, when they eat them little by little. But ground beetles, which are a mouse-ear's favourite food, are difficult to collect and store. If they are still alive, they just run off, and if they are dead, they rot and stop being edible. So all we can do is eat plenty to build up a good thick layer of fat so that we can survive the winter on that.

Felix:

"But that's months and months without food.
I can't imagine doing that!
When it's very cold, my tummy starts rumbling after just a few hours."

Stimmt, das wäre auch so gut wie unmöglich, wenn wir Fledermäuse nicht einen Trick dazu anwenden würden. Wir stellen unseren Körper bei Kälte total auf „Sparflamme" um. Sicher habt ihr schon vom Winterschlaf der Bären, Eichhörnchen und Murmeltiere gehört. Die senken im Winter auch ihre Temperatur und ihre ganzen Körperfunktionen und damit ihren Energiebedarf. Sie leben dann für längere Zeit nur von ihren Fettreserven.
So ist das bei uns Fledermäusen auch, aber wir treiben das auf die Spitze – unser Winterschlaf ist extrem „tief". Dazu wird unsere Körpertemperatur sehr stark abgesenkt und unser Körper wird ganz starr! Auch der Herzschlag wird viel, viel langsamer. Dadurch verbrauchen wir viel weniger von unseren Fettreserven, die wir uns im Laufe des Sommers angefuttert haben, als im „Normalzustand".

Aber wenn unser Körper unter Null Grad abgekühlt werden würde – dann würden wir Mausohren auch in unserem Winterschlaf erfrieren.
Deshalb müssen wir unbedingt ein Winterquartier finden, in dem die Temperatur auch bei starkem Frost nicht zu tief sinkt.
Ja, und deshalb muss ich mich jetzt auf Wanderschaft begeben und ein geeignetes Plätzchen suchen, wo ich mich gut geschützt für die nächsten Monate zur Ruhe hängen kann.

You're right. And it would be just about impossible if we bats didn't use another trick as well. When it's cold, we set our bodies to 'standby' mode. I'm sure you've heard of bears, squirrels and marmots hibernating in the winter.
They lower their body temperature and reduce their bodily functions so they don't need so much energy.
They can survive for a long time just on their fat reserves. We bats do the same, but we take it to the extreme – our winter sleep is very, very deep. Our body temperature falls very low and our body becomes quite stiff! Even our heart rate becomes much, much slower.

This means that we use up much less of the fat reserves that we build up in the summer than we would do normally.

But if our body temperature falls below zero degrees while we are hibernating, even we mouse-ears freeze to death.
That is why it's vital that we find winter quarters where the temperature does not fall below freezing even when there is a severe frost.
So I need to fly around and find a safe place where I can hang in peace for the next few months.

Was Schlauberger wissen:

Mausohren, wie alle Fledermäuse, überdauern den Winter mit größtmöglicher Einsparung von Energie. Dazu wird der gesamte Stoffwechsel drastisch verlangsamt. Während ihr Herz, wie beim Menschen, normalerweise zwischen 60 und 80 Mal pro Minute schlägt, schlägt es während der Winterlethargie nur noch 15 bis 20 Mal pro Minute! Auch die Atmung und alle anderen Funktionen des Körpers werden ganz stark heruntergefahren. Die Körpertemperatur, die normalerweise bei etwa 40°C liegt, sinkt auf einen Bereich zwischen 0 und 10°C. So reichen die Energiereserven in Form von Fett 100mal länger als bei einer voll aktiven Fledermaus.

What smartypants know:

Like all bats, mouse-eared bats survive the winter by saving as much energy as possible. Their whole metabolism slows down dramatically. While their heart, like the human heart, normally beats 60 to 80 times per minute, during their winter sleep it beats just 15 to 20 times a minute!
Their breathing and all other body functions are also turned right down.
Their body temperature, which is normally around 40°C, falls to between 0°C and 10°C. This means that their energy reserves in the form of fat last 100 times longer than they would in a fully active bat.

Heute Nacht mache ich mich also auf den Weg. Aber wohin? Irgendwie weiß ich, was ich suchen muss – nämlich möglichst eine Höhle – und die gibt es nur in bergigen Gegenden. Woher ich das weiß? Keine Ahnung! Das hat auch noch niemand rausbekommen. Irgendwie wurde das uns Fledermäusen mit in die Wiege gelegt, denn von unseren Eltern können wir das nicht lernen – die gehen ja schon im Herbst wieder ihre eigenen Wege.

Ich mache mich mal auf nach Südosten, da habe ich bei meinen Ausflügen zur Suche eines geeigneten Jagdgebietes in der Ferne eine Bergkette gesehen. Auf dem Weg muss ich jedoch ein großes Waldstück überqueren. Da gibt es verschiedene Möglichkeiten: entweder ich fliege oben drüber – das mögen wir Mausohren aber nicht so gerne, oder zwischen den Bäumen durch, das kann aber zu einigen Umwegen führen. Aber – wie praktisch – da habe ich doch eine breite, grade verlaufende Schneise durch den Wald genau in der richtigen Richtung entdeckt! Na prima, da komme ich wirklich gut und schnell voran und kann in meiner Lieblingshöhe nur wenige Meter über dem Boden fliegen.

Felix:

„Aber Achtung! Kobold Mausohr, pass auf! Schnell weg zur Seite oder nach oben!"

So, tonight I'm setting off. But where to? Somehow I already know what I'm looking for – a cave, if possible – and they are only found in mountainous regions. How do I know that? No idea! And so far, no one else has been able to find the answer either. We are somehow given this knowledge at birth. We can't learn it from our parents, because they go their own ways in the autumn.

I'll fly south-east.

When I was looking for a good hunting place I spotted a mountain range some distance away in that direction. There's a big stretch of forest to cross on the way. I have a choice: I can either fly over it – but we mouse-eared bats don't like doing that – or I can fly between the trees, but that could involve some detours. Hang on though, here's a wide straight aisle going in just the right direction – how useful! Fantastic. Now I'll be able to fly easily and quickly and at my preferred height – just a few metres above the ground.

Felix:

"But take care! Kobold Mouse-Ear, watch out! Move to the side, or fly up out of the way!"

Au weia, das war knapp! Puuh…, was war denn das? Ein riesiges, stampfendes Ungetüm mit gewaltig leuchtenden Augen brauste da auf mich zu und hätte mich fast erwischt!
Felix:

„Kobold Mausohr, die schöne Schneise, die du da gefunden hast, ist eine Eisenbahnstrecke und das Monster, das dich fast erwischt hätte, ein Zug. Ja, auf diese vom Menschen geschaffene Art der Gefahren seid ihr in den Jahrmillionen, die es euch Fledermäuse schon gibt, leider nicht vorbereitet worden. Zusammenstöße mit Fahrzeugen sind eine häufige Todesursache auch bei Fledermäusen!"

Gut, dass ich durch das große Waldgebiet fast durch bin. Da vorne fangen schon wieder Wiesen und Felder an. Deshalb werde ich mir hier am Waldrand ein Plätzchen suchen, wo ich den Tag über ruhen und mich morgen Nacht noch einmal gut durchfuttern kann.
Einige Tage später: Ich bin nun tatsächlich in den Bergen angekommen und habe auch schon ein paar Täler durchstreift, aber noch nichts Geeignetes gesichtet. Doch die Zeit drängt, denn hier oben liegt schon eine erste dünne Schneeschicht! Noch heute Nacht suche ich dieses schmale Seitental ab, das sieht ganz vielversprechend aus.

Phew, that was close! What was that? A giant, roaring monster with huge shining eyes just rushed at me and almost caught me!
Felix:

"Kobold Mouse-Ear, the nice path that you found is a railway line and the monster that almost caught you was a train. Yes, unfortunately, the millions of years that bats have been around have not prepared you for man-made dangers. Collisions with vehicles are a frequent cause of death even among bats!"

It's a good thing I've almost reached the other side of the forest. The meadows and fields start again up there.
So I'll look for a place here at the edge of the forest where I can rest during the day and where I can fill my tummy again tomorrow night.

A few days later and I've reached the mountains. I've already been up and down a few valleys, but I haven't spotted anything suitable yet. Time is pressing though, because up here there's already a thin layer of snow!
Tonight I'll try this narrow side valley that looks quite promising.

Dort drüben, in der Steilwand, da meldet mir meine Echoortung, dass es da eine Höhlung gibt. Nichts wie hin. Ich fliege vorsichtig hinein, immer schön mit Peilrufen. Und das ist auch gut so: Was sind denn das für Hindernisse, die ich da gemeldet bekomme?

Au je, das sind ja lauter Eiszapfen!
Und die scheinen hier auch im Sommer gar nicht weg zu schmelzen. Aber es riecht nach Fledermaus. Etwas weiter hinten in der Höhle haben wohl schon welche überwintert. Nee, das ist nichts für Kobold Mausohr – das ist mir hier zu ungemütlich. Ich suche noch mal draußen weiter, ob ich was Besseres finde.
Da drüben entdecke ich eine Tür im Berg, mit großen Schlitzen zum Einflug. Vielleicht sollte ich es dort einmal probieren.

My echolocation system tells me that there's a hollow over there in the steep valley side. What am I waiting for? Cautiously, I fly inside, calling out and listening for echoes. And it's a good thing I do. What are those objects I can sense in my way?

Oh my goodness – icicles!
And it looks as if they don't melt here even in the summer. It smells of bats in here – some of them must have spent the winter towards the back of the cave. But no, it's not right for Kobold Mouse-Ear – too uncomfortable. I'll carry on looking outside to see if I can find something better.
Over there I can see a door in the mountainside with big slits for flying in through. Maybe I should try there.

Vorsichtig fliege ich hinein. Hier riecht es ganz gewaltig nach Fledermäusen! Das müsste doch ein gutes Quartier sein. Aber, au weia – Kobold Mausohr hat die Rechnung ohne den Wirt gemacht, besser gesagt: ohne die Gäste. Der schöne Stollen ist schon dicht besetzt und ich werde mit Zetern, Schimpfen und Zähnefletschen schnell vertrieben.

Also auf zum nächsten Versuch. Noch ein Stück weiter in dem Tal entdecke ich einen Höhleneingang im Berg. Der sieht gut aus.

Auch hier signalisiert mir der Geruch, dass die Höhle bei Fledermäusen sehr beliebt ist. Ein Erkundungsflug zeigt jedoch, dass es noch so einige leere Nischen gibt. Das hier ist wirklich ein ideales Winterquartier für Kobold Mausohr. Ich suche mir ein schönes Plätzchen in einem Seitenarm der Höhle. Nicht zu weit weg vom Eingang, so dass ich vor Winterbeginn noch ein paarmal auf Insektenjagd gehen kann, aber auch nicht zu dicht dran, so dass ich vor Kälte, Wind und Nässe gut geschützt bin.

I enter carefully. There's a really strong smell of bats in here! It must be a good place to stay. But, oh dear – Kobold Mouse-Ear hadn't reckoned with the host, or rather the guests. The nice tunnel is already fully occupied and the other bats soon chase me away with their cries, scolding and snarling.

So I set off to try again. Further along the valley I find a cave entrance in the mountain. This looks good.

Here too, the smell tells me that the cave is very popular with bats, but a reconnaissance flight shows me that there are still some empty niches. This place will be an ideal winter home for Kobold Mouse-Ear.
I look for a nice place in a side passage. Not too far from the entrance, so that I can go out hunting for insects a few more times before winter really sets in, but not too close to it either, so that I'm well protected from the cold, wind and rain.

Gleich nebenan hat es sich eine größere Gruppe älterer Mausohren in einer Nische gemütlich gemacht, das zeigt mir, dass diese Höhle sicher gut geeignet ist.

So, jetzt einen schönen Felsspalt suchen, in den ich mich gut einhängen kann und dann die Flügel schön eng zusammenlegen. Nun bin ich gut vorbereitet für die Winterruhe.

Felix:

„Hallo, Kobold Mausohr, zu eurer Hängepartie den ganzen Winter über habe ich noch eine Frage: Wie schafft ihr es überhaupt, die ganze Zeit mit den Füßen an der Decke zu hängen? Wenn ich mal mit den Händen am Klettergerüst hänge, sind nach paar Minuten meine Hände ganz schlapp und ich muss loslassen."

Ja, das ist schon wieder so ein besonderer Trick der Fledermäuse. Wir hängen nicht per Muskelkraft, sondern unsere Krallen sind mit Sehnen verbunden, die durch das Gewicht unseres Körpers gestreckt werden, wenn wir kopfunter an der Decke hängen. Mit dem Strecken der Sehne wird die Fußkralle wie ein Enterhaken angezogen und an dem hängen wir dann. So brauchen wir überhaupt keine Kraft zum Hängen – nur unser Gewicht.

A large group of older mouse-eared bats have made themselves comfortable in a crevice nearby. That tells me the cave must be a good place.

So now I just need to find a nice crevice where I can hang with my wings tightly folded. Then I'm ready for my winter nap.

Felix:

"Hey, Kobold Mouse-Ear, I have a question about the way you spend the winter: how do you manage to hang from the ceiling by your feet the whole time? If I hang from the climbing frame by my hands, after a few minutes my hands go limp and I have to let go."

Yes, that's another special bat trick. We don't use our muscles to hang upside down. Our claws are connected to tendons that stretch with the weight of our body when we hang upside down. When the tendons stretch, our claws operate like grappling hooks and that's what we hang from.

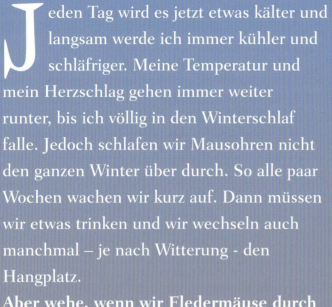

Jeden Tag wird es jetzt etwas kälter und langsam werde ich immer kühler und schläfriger. Meine Temperatur und mein Herzschlag gehen immer weiter runter, bis ich völlig in den Winterschlaf falle. Jedoch schlafen wir Mausohren nicht den ganzen Winter über durch. So alle paar Wochen wachen wir kurz auf. Dann müssen wir etwas trinken und wir wechseln auch manchmal – je nach Witterung - den Hangplatz.

Aber wehe, wenn wir Fledermäuse durch Störungen vorzeitig aus dem Schlaf geweckt werden! Dann verbrauchen wir für das schnelle Aufwachen so viel Energie auf einmal, dass die Fettreserven nicht mehr den ganzen Winter über reichen – und dann müssen wir sterben.

Nun hoffe ich, dass wir in dieser Höhle von keinem Menschen oder Tier gestört werden und hier unbeschadet den Winter überdauern können.

Lisa und Felix:

„Also dann, Kobold Mausohr: Gute Winternacht!"

It means that we don't need any strength at all to hang upside down – just our weight.

Day by day the weather is getting cooler and I'm gradually getting colder and more and more sleepy. My temperature and heart beat fall further and further until I am fast asleep in my winter hibernation. However, we mouse-ears don't sleep right through the winter. Every few weeks we wake up for a bit.

We have something to drink and sometimes move to a different spot, depending on the weather.

But woe betide us if we are woken from our winter sleep too early! If that happens, we use up so much energy waking up quickly that our fat reserves are no longer enough to last the winter and we die.

So I hope that no humans or animals will disturb us in this cave and that we can survive the winter here unharmed.

Lisa and Felix:

"Well then, Kobold Mouse-Ear: Sleep well this winter!"

Frühlingserwachen

Tropf, tropf, tropf……
Das Geräusch des schmelzenden Schnees holt mich langsam aus meinem Winterschlaf. Uah...! Einmal noch tüchtig gähnen und ganz, ganz langsam den Körper ein bisschen bewegen – ich glaube, der Frühling kündigt sich an! Jetzt sollte ich etwas näher an den Höhlenausgang wandern, um die Lage zu peilen. Na ja, so ganz warm ist es doch noch nicht, da schlafe ich hier vorne noch ein bisschen weiter. So bekomme ich es gut mit, wenn die Sonne höher steigt und die Luft wärmer wird.
Aah! Das tut gut – jetzt ist es Ende März und die Sonne ist inzwischen so hoch gestiegen, dass sie den Eingang der Höhle voll anstrahlt und ein richtig warmer Luftzug bis zu meinem neuen Ruheplatz dringt.
So langsam wird es auch Zeit – ich bin richtig mager geworden, mein Fell schlabbert fast um meine Knochen. Da muss ich möglichst bald wieder was Ordentliches zu Futtern bekommen!
Vorsichtig hangele ich mich bis zum Höhlenausgang. Hier warte ich jetzt den Abend ab. Ich hoffe, dass inzwischen so einiges Krabbelgetier aus der Winterruhe in der Erde erwacht ist und nach Nahrung sucht. **Bevor ich mich wieder auf den Weg mache, muss ich mir erst neue Kräfte anfuttern.**

Spring awakening

Drip, drip, drip……
The sound of melting snow slowly rouses me from my winter sleep. Yawn... One more big yawn and I start moving my body very, very slowly. I think spring is coming! Now to move a bit closer to the cave entrance so I can assess the situation.
Well, it's not all that warm yet after all. I think I'll have another nap here at the front. Then I'll know when the sun climbs higher and the air warms up.

Mmmmm! That feels good. It's the end of March now and the sun is now so high that it shines right into the cave entrance and a lovely warm current of air reaches me in my new resting place.
And about time too – I've grown so thin I'm nothing but skin and bones. I need to find something decent to eat as soon as possible. I carefully shimmy along to the cave opening. I'm going to wait here for evening to fall.

I hope that some creepy-crawlies have come out of hibernation and are up and about looking for food. I need to eat and build my strength up before I set off on my travels again.

Lisa:
"Ach ja, wie ist das denn, Kobold Mausohr, wohin führt dich dein Weg jetzt nach der Winterruhe?"

Natürlich nach Hause. Bei den Tieren nennt man das „ortstreu". Das heißt, wir fliegen wieder in die gleiche Gegend zurück, in der wir geboren wurden. Und wie ich euch schon sagte: wir Mausohren haben ein klasse Ortsgedächtnis. Wir finden den Weg zurück meist ohne größere Probleme.
Aber zunächst suchen wir uns auf dem Weg noch „Zwischenquartiere", die in den kalten Frühjahrswochen tagsüber schön intensiv von der Sonne angewärmt werden. Ideal sind dafür zum Beispiel Fensterläden oder Spalten in Holzschuppen und Baumhöhlen, aber auch Fledermauskästen, die an einer besonnten Wand hängen. Von dort aus gehen wir auf Nahrungssuche, bis wir wieder ganz fit sind.

Lisa:
"Oh yes, Kobold Mouse-Ear, where do you go after your winter sleep?"

Home, of course. In animals this is called 'philopatry'. It means we fly back to the area where we were born. And, as I told you, we mouse-ears have a fantastic memory for places. We can usually find our way back home without any real problems.
But first we look for temporary homes along the way that are warmed by the sun in the cold weeks of spring. Window shutters, cracks in woodsheds and tree hollows, for example, are ideal, but so are bat boxes hung on a sunny wall.
From here we go out to look for food until we are fit and strong again.

Ab Mitte Mai beziehen wir wieder unsere Sommerquartiere. Die Weibchen suchen dann erneut ihre Wochenstuben auf. Nach dem Erwachen aus der Winterruhe, wenn es wieder gute Nahrung gibt, beginnt das Mausohrbaby sich im Bauch der Mutter zu entwickeln. Kurz vor der Geburt treffen die Weibchen in den Wochenstuben ein – und dann beginnt bald das Leben eines neuen kleinen Mausohrs. Tja, aber wir Männchen werden dort in der Regel nicht geduldet. Wir müssen uns nun ein neues Sommerquartier suchen, und das kann ganz schön schwierig werden!
Felix:

„Weshalb schwierig, Kobold Mausohr? Du hast hier doch ein schönes Quartier im Glockenturm der Kirche gefunden?"

Da habe ich aber ganz schön viel Glück gehabt – und das ging auch nicht auf Anhieb! Wie ich schon sagte, suchen wir Mausohren uns zunächst im Frühjahr warme Zwischenquartiere – die ebenfalls ganz wichtig sind. Aber die sind als Sommerquartier oft nicht geeignet, weil es darin im Sommer viel zu warm wird!

Und zu viel Hitze vertragen wir Große Mausohren auch nicht!

We move back into our summer residences from the middle of May onwards. This is when the females go back to their nursery roosts. After the female bats wake up from their winter sleep, when there's good food to be found again, the baby mouse-ears start developing in their mothers' tummies. Shortly before the birth, the females move into the nursery roost, and soon after, a new baby mouse-ear comes into the world. But we males are not normally allowed in there. We have to look for a new summer home and that can be quite difficult!
Felix:

"Why is it difficult, Kobold Mouse-Ear? After all, you found a nice place in the church bell tower, didn't you?"

I was very, very lucky, and I didn't find it straight away!
As I said, we mouse-ears start by looking for warm, temporary homes in the spring. And they are very important too.
But they are often not suitable as summer homes because it gets far too hot in them in the summer.

And we mouse-ears can't stand too much heat.

Nach einigen Zwischenstopps bin ich also wieder in der Nähe der Kirche angekommen, in der ich geboren wurde und bin auf Quartiersuche gegangen. Aber da gab es einige Probleme.
Lisa:

„Wieso, was meinst du mit Problemen? Wie du uns früher berichtet hast, seid ihr Mausohren doch recht flexibel mit euren Wohnungsansprüchen."

Ja, das stimmt, aber in manchen Gegenden wird es echt schwierig. Zum einen haben viele Menschen ihre Häuser gründlich gegen alle fremden Besucher abgedichtet. Moderne Dachisolierungen bieten keine Möglichkeiten mehr zum Einschlupf.
Auch die Nebengebäude sind häufig nicht mehr für uns geeignet – nackter Beton oder ebenfalls alles dicht gemacht. Fensterläden sind durch eingebaute Rollos ersetzt, und Schuppen werden meist zu stark genutzt.
Ja, und die wenigen gut geeigneten Plätze, die ich entdecken konnte – die waren schon von älteren Herren besetzt – da hatte ich Neuling natürlich keine Chance!
Bevor ich jedoch ganz aufgab und weiterzog, beschloss ich, es doch noch einmal in der alten Wochenstube zu probieren – manchmal dulden die Weibchen noch ganz junge Männchen in ihrer Nähe.

So, after a few stopovers, I came back to the area around the church I was born in and started looking around for a new home.
But I had a few problems.
Lisa:

"Why, what kind of problem? You told us that you mouse-eared bats are very flexible about where you live."

Yes, that's right, but in some areas it gets very difficult. Firstly, lots of humans have sealed their houses against all visitors. Modern roof insulation means that it is no longer possible for bats to squeeze inside. And outbuildings are often no longer suitable either – they are either made from bare concrete or completely sealed up. Window shutters have been replaced by built-in roller blinds and sheds are usually too heavily used. And the few suitable places I was able to find were already occupied by old bats, so of course I didn't stand a chance as a newcomer!
But before I gave up completely and moved on to somewhere else, I decided to try my luck in the nursery roost once more – sometimes the females do put up with very young male bats near them.
However, when I was circling round the church I found an opening that led into the bell tower.

Bei einer Umrundung der Kirche entdeckte ich aber eine Luke, die in den Glockenturm hier führte. Und da gab es doch tatsächlich eine leere Nische! Es roch zwar ganz heftig nach einem anderen Mausohr-Männchen, aber es war zumindest niemand da. So habe ich es einfach probiert und mich vorsichtig dort hingehängt. Und hatte Glück – der frühere Besitzer der Nische ist nicht zurückgekommen.
Lisa:

„Au weia, lieber Kobold Mausohr. Ich fürchte, dein Glück ist wahrscheinlich auf ein Unglück deines Vormieters zurück zu führen. Er hat den Winter wohl nicht überlebt."

Ja, das mag sein. Aber ich versuche, mich mit dem Gedanken zu trösten, dass es vielleicht schon ein ganz altes Mausohr gewesen ist (wir können nämlich bis 22 Jahre alt werden), das einfach zu alt war, um noch einen harten Winter zu überstehen.

And there was in fact an empty crevice left! It still smelt strongly of another male mouse-eared bat, but at least no one was there. So I simply tried my luck and cautiously hung myself upside down. I was lucky – the former occupier of the crevice didn't come back.
Lisa:

"Oh dear, Kobold Mouse-Ear. I am afraid that you were lucky because the bat who lived in the crevice before you was not so lucky. I guess he didn't survive the winter."

Yes, that's possible. But I try to console myself with the thought that it might have been a very old mouse-eared bat (we can live to be 22 years old) who was simply too old to survive another harsh winter.

So, jetzt sind wir wieder am Anfang meiner Geschichte angekommen. Jetzt wisst ihr alles Wichtige über das Leben eines Großen Mausohrs. Und ihr habt erfahren, dass wir keinen Schaden anrichten, sondern selbst in unserem Lebensraum gefährdet sind. Aber ihr Menschen könnt uns helfen indem ihr:

- Eure Dachböden, Ställe und Schuppen nicht völlig für uns „dicht macht". Unsere „Hinterlassenschaften" lassen sich übrigens prima als Dünger für den Garten nutzen. Im Frühjahr nur eine Plastikfolie unter die Hangplätze legen! Den angesammelten Kot dann im Hebst gut unter den Kompost mischen.
- Fledermauskästen an geeigneten Stellen aufhängt
- Höhlen und Stollen nicht völlig verschließt, sondern Einschlupflöcher für uns offen lasst
- Alte Bäume mit Höhlen in Wäldern und Gärten stehen lasst
- und wer uns besonders helfen will, macht mit bei der „Fledermaus-Quartierbetreuung", die von manchen Naturschutzverbänden organisiert wird.

Vielleicht machst auch du mit?

So, now we have come back to where my story began. Now you know everything important that there is to know about the life of a greater mouse-eared bat. And you've heard that we don't do anyone any harm but that we are at risk even in our natural habitat. However, there are things you humans can do to help us:

- Don't seal up your attics, barns and sheds so that we can't get in. By the way, our droppings make excellent fertilizer for the garden – just hang a plastic sheet under our roosting places in the spring and mix the droppings in with your compost in the autumn;
- Hang up bat boxes in suitable places.
- Don't seal up caves and tunnels completely. Leave holes for us to fly in through.
- Leave old hollow trees in forests and gardens.
- And if you really want to help us, you can take part in the bat-monitoring surveys organised by some of the conservation groups.

Will you help too?

Für besonders wissbegierige Schlauberger:

Abstammung der Fledertiere

Durch den Fund von Lebewesen, die vor Jahrtausenden und Jahrmillionen gelebt haben und bei ihrem Tod in Lehm, Sand oder Moor versanken und dort versteinerten, haben Wissenschaftler herausgefunden, dass sich alle Tiere und Pflanzen im Laufe der Zeit entwickelt und verschiedenste Formen ausgebildet haben.

Am Anfang standen Lebewesen, die nur aus einer einzigen Zelle bestanden, die Einzeller.

Daraus entwickelten sich drei verschiedene Lebensformen: Die Pflanzen, die Pilze und die Tiere. Hier wollen wir nur auf die Tiere eingehen.

Bei den Tieren bildeten sich zwei ganz unterschiedliche Tierformen heraus: Tiere, die keine Wirbelsäule und keine Knochen haben, die Nichtwirbeltiere, und solche, die über eine einfache Versteifung in der Rückengegend, der Chorda, eine Wirbelsäule aufgebaut haben, das ist der Stamm der Wirbeltiere.

Von der Zahl und Art her gibt es viel mehr Tiere, die keine Wirbelsäule haben. Viele davon werdet ihr kennen, wie Insekten, Spinnen, Schnecken, Würmer, Krebse, aber es gibt noch viele, viele mehr.

Mit diesen wollen wir uns hier aber nicht beschäftigen, weil ja unser Kobold Mausohr ein Wirbeltier ist. Auch aus den ersten Formen der Wirbeltiere bildeten sich ganz unterschiedliche Tierformen, aber anhand gemeinsamer wichtiger Merkmale unterscheidet man fünf große Gruppen:

- Die Fische
- Die Frösche und Lurche
- Die Kriechtiere wie Eidechsen, Schlangen und Krokodile. (Zu diesen gehörten aber auch alle Dinosaurier, die schon seit langem ausgestorben sind.)
- Die Vögel
- Die Säugetiere

For smartypants who are keen to know even more:

How bats evolved

Thanks to the discovery of living organisms that lived thousands and millions of years ago and which sank into clay, sand or bogs after their death, where they became fossils, scientists have discovered that all animals and plants have evolved over time and have taken on a large number of very different forms.

At the beginning there were organisms that consisted of just one cell: the protozoa.

These evolved into three different life forms: plants, fungi and animals.

Here we are going to look only at animals.

Animals evolved into two very different life forms: animals that do not have a spine or bones, the invertebrates, and those that, through a simple hardening in the back area, evolved a backbone. These form the vertebrates.

In terms of numbers and species, there are far more animals in the world that do not have a backbone. You know lots of them, like insects, spiders, snails, worms and crabs, but there are many, many more.

We do not want to deal with them here, however, because our Kobold Mouse-Ear is of course a vertebrate.

The early vertebrates also evolved into very different animals, but we can differentiate between five large groups based on common important characteristics:

- fish
- frogs and other amphibians
- reptiles, like lizards, snakes and crocodiles (this group also includes all the dinosaurs, which died out long ago)
- birds
- mammals

Auch in diesen großen Gruppen gibt es Tiere, die viele gemeinsame Merkmale haben und deshalb wieder zu eigenen Untergruppen zusammengefasst werden. So sind das bei den Säugetieren zum einen die Beuteltiere wie das Känguru, wo das Baby früh geboren und dann in einem Beutel am Bauch größer wird und zum anderen die „höheren" Säugetiere, bei denen sich der Embryo über lange Zeit im Bauch der Mutter entwickelt, wobei er über eine Placenta ernährt wird. Auch bei den höheren Säugern gibt es ganz verschiedene Gruppen von Tieren, zum Beispiel die Huftiere wie das Pferd, Nagetiere wie die Maus, Meeressäuger wie Wale und Robben oder die „Herrentiere" zu denen die Affen und wir Menschen gehören. Und eine dieser vielen Untergruppen, die man „Ordnungen" nennt, sind die Fledertiere, zu denen die Flughunde und die Fledermäuse, wie unser Kobold Mausohr, gehören.

Fliegen oder Echoortung – was war früher?

Bis vor kurzem haben sich die Wissenschaftler noch sehr gestritten, ob die Fledermäuse die Echoortung erst entwickelt haben, nachdem sie ihre Flugfähigkeit erworben hatten, oder ob die Orientierung mit Hilfe von Ultraschall von einem frühen gemeinsamen Vorfahren in der Linie der Wirbeltiere stammt.

Als Argument dafür, dass die Fledertiere die Echoortung wohl erst nach der Ausbildung der Flugfähigkeit entwickelt haben, wurde angeführt, dass sich die meisten Flughunde nicht mit Hilfe von Ultraschall orientieren. Diese Annahme war aber nicht mehr stichhaltig, nachdem auch bei einigen Flughunden eine Echoortung nachgewiesen wurde.

Es konnte also gut sein, dass alle Fledermausverwandten zunächst eine Echoortung besaßen, einige Flughunde diese Fähigkeit aber wieder verloren, weil sie für deren Lebensweise als Früchtefresser nicht nötig war. Einen neuen Nachweis, dass die ersten Fledermäuse wohl schon fliegen, sich aber noch nicht mit Hilfe der Echoortung orientierten, konnten findige Wissenschaftler kürzlich erbringen. Mit Hilfe von Röntgenaufnahmen untersuchten sie die Ohren und die Kehlköpfe von versteinerten Vorfahren sowie von noch heute lebenden Vertretern der Fledermäuse.

And within each of these large groups there are animals that have lots of characteristics in common and can therefore be subdivided into smaller groups. Mammals, for instance, are subdivided into marsupials (like kangaroos) that give birth early and carry their babies around inside a pouch until they grow bigger, and 'higher' mammals, in which the embryo develops over a long period of time in the mother's tummy and is fed through a placenta.

The higher mammals too can be subdivided into different groups, including the ungulates (hoofed animals like horses), the rodents (like mice), the sea mammals (like whales and seals), and the primates, which include monkeys and humans. And one of these many subgroups, called 'orders', is the Chiroptera order, to which flying foxes and bats like Kobold Mouse-Ear belong.

Which came first – flying or echolocation?

Until recently, scientists disagreed about whether bats evolved echolocation after they learnt to fly, or whether their ultrasonic orientation system came from an earlier common ancestor in the vertebrates.

One argument used to justify the view that bats did not evolve echolocation until after they had developed the ability to fly was that most flying foxes find their way around without the help of ultrasound.
However, this argument collapsed when it was found that some flying foxes do have echolocation. So it looked as if it was possible that all bats (chiroptera) used to have echolocation, but that some flying foxes had since lost the ability because it was not necessary for their way of life as frugivores (fruit eaters).

Resourceful scientists recently found new evidence that the first bats could indeed fly but did not yet have echolocation to help them find their way around.
Using X-ray pictures, they studied the ears and larynxes of fossilised bat ancestors and some of today's bats.

Dabei stellten sie fest, dass für die Fähigkeit zur Echoorientierung das Innenohr der Fledermäuse ganz besonders aufgebaut ist. Einen ähnlichen Feinbau konnten sie auch schon bei Fledermäusen aus der Grube Messel bei Darmstadt (47 Millionen Jahre alt) finden, nicht aber bei noch älteren Vorfahren (52,5 Millionen Jahre) aus Amerika. Diese hatten auch noch einen einfacheren Aufbau der Flügel. Damit konnten sie beweisen, dass die Echoortung wohl schon eine sehr „alte" Erfindung ist, dass aber die ersten Fledermäuse die Fähigkeit hierzu noch nicht hatten. Das bedeutet, dass die Fähigkeit zur Orientierung per Ultraschall in der Natur bei verschiedenen Tieren sich mehrfach unabhängig voneinander ausgebildet hat.

They discovered that a bat's inner ear has a very special structure for echolocation, and they found a similar fine structure in bats from the Messel Pit near Darmstadt (47 million years old), but not in earlier ancestors (52.5 million years old) from America.
Those bats also had a simpler wing structure.
With these findings they were able to prove that echolocation is a very old invention, but that the first bats did not yet have this ability. This means that several different animals have, independently of one another, evolved the ability to find their way around using ultrasound.

Impressum

Schlauberger-Verlag 2010

Kornblumenring 42
48432 Rheine
www.schlauberger-verlag.de

© 2010, Alle Rechte, insbesondere die des auszugsweisen Nachdrucks, der fotomechanischen und digitalen Wiedergabe und der Übersetzung vorbehalten.

Autorin: Dr. Irmgard Meissl

Übersetzung ins Englische: Ros Mendy   www.rosmendy.co.uk

Bilder:
A. Limbrunner: Titelbild, Seite 7, 10, 11, 16, 17, 18, 22, 23 Mitte + rechts, 24, 27, 31, 32, 33, 41, 46, 48, 56, 60, 63, 66, 68, 70, 73, 74 oben + unten, 75, 78, 81 /
K. Bogon: Seite II oben + unten, 39, 47, 58, 76 / J. Gebhard: Seite 28, 30, 36, 38 /
I. Meissl: Seite 44, 52, 53, 54 / I. Albrecht: Seite 15 / M. Danegger: Seite 57 /
M. Meyer-Wittkopf: Seite 20 / F. Hecker: Seite 50 / K. Rudloff: Seite 26 /
V. Runkel: Seite 23 links / H. Trachmann: Seite 6 / K. Wothe: Seite 9 / Seite 34: Bildautor nicht ermittelbar. Quelle: Internet: www.altmuehltal.de/essing/tropfstein/fledermaus1.jpg

Layout, Satz und Bildbearbeitung:

www.eilinghoff.de

Druck:
Druckhaus Cramer, Hansaring 118, 48268 Greven   www.cramer.de

Die Autorin Dr. Irmgard Meissl studierte Biologie, Chemie und Geographie. Sie promovierte mit einer Arbeit über das Verhalten der Bienen und beschäftigte sich danach mit dem spannenden Leben der Termiten.
Danach arbeitete sie 30 Jahre als Lektorin in wissenschaftlichen Verlagen.
Dort betreute sie verantwortlich die redaktionelle Bearbeitung von Buchreihen über die Vögel, Säugetiere, Reptilien, Amphibien und Fische Europas.
Im Jahre 2007 beendete Frau Dr. Meissl ihre Verlagstätigkeit und widmet sich seitdem der Aufgabe, Bücher zu schreiben, die ihre jungen Leser wirklich fesseln.

Dr Irmgard Meissl The author studied biology, chemistry and geography at university and carried out research into the learning behaviour of honeybees and the exciting lives of termites.
She spent 30 years working for academic publishers in Germany, where she was responsible for several multi-volume series of guides covering all the birds, mammals, reptiles, amphibians and fish of Europe.

Dr Meissl retired from publishing in 2007 and now devotes her time to writing books that children will enjoy reading.

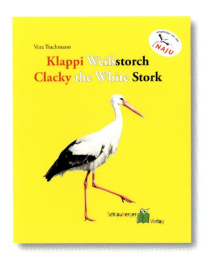 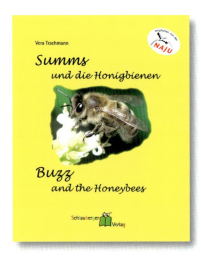  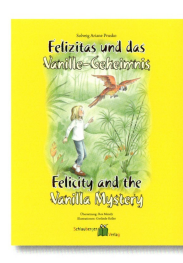

Klappi Weißstorch
– Clacky the White Stork
ISBN: 978-3-98-124323-9
Umfang: 88 Seiten
Preis: 19,80 €
Lesealter 6-12
Ein deutsch-englisches
Kindersachbuch
Übersetzung: Ros Mendy
Der Weißstorch Klappi erzählt den Kindern aus seinem abenteuerlichen und interessanten Leben.

Klappi Weißstorch
– Clacky the White Stork
ISBN: 978-3-98-124323-9
Hardcover: 88 pages
Price: € 19.80
For ages 6-12
A bilingual children's non-fiction book in German and English
Translation: Ros Mendy
Clacky is a white stork who tells stories about his adventurous and interesting life.

Summs und die Honigbienen
– Buzz and the Honeybees
ISBN: 978-3-9812432-0-8
Umfang: 132 Seiten
Preis: 23.90 €
Lesealter 6-14
Ein deutsch-englisches
Kindersachbuch
Übersetzung: Ros Mendy
„Summs und die Honigbienen ist weder ein trockenes Sachbuch noch ein Märchen nach dem Vorbild der Biene Maja; aber es steckt voller spannender Geschichte und zwar aus dem echten
Leben der Honigbienen."
Spektrum der Wissenschaft 05/09

Summs und die Honigbienen
– Buzz and the Honeybees
ISBN: 978-3-9812432-0-8
Hardcover: 132 pages
Price: € 23.90
For ages 6-14
A bilingual children's non-fiction book in German and English
Translation: Ros Mendy
"Buzz and the Honeybees is neither a dry textbook nor a fable in the style of Maya the Bee; it is full of exciting stories – real-life adventures from the life of every honeybee."
Spektrum der Wissenschaft 05/09

Hallo! Wir sind die Amselkinder
– The Little Blackbirds
ISBN: 978-3-00-019789-5
Umfang: 48 Seiten
Preis: 16,95 €
Lesealter 4-10
Ein deutsch-englisches
Kindersachbuch
Übersetzung: Ros Mendy
In diesem Buch können Kinder miterleben, wie kleine Amseln groß werden.

Hallo! Wir sind die Amselkinder
– The Little Blackbirds
ISBN: 978-3-00-019789-5
Hardcover: 48 pages
Price: € 16.95
For ages 4-10
A bilingual children's non-fiction book in German and English
Translation: Ros Mendy
Learn how baby blackbirds grow into adults.

Felizitas und das Geheimnis der Vanille – Felicity and the Vanilla Mystery
ISBN: 978-3-9812432-2-2
Umfang: 36 Seiten
Preis: 16,95 €
Lesealter 4-10
Ein deutsch-englisches
Kindersachbuch
Übersetzung: Ros Mendy
Felizitas, die keinen Vanillepudding mag, entdeckt mit einem Papagei und einem Kolibri im mittelamerikanischen Urwald das Geheimnis der Vanille.

Felizitas und das Geheimnis der Vanille – Felicity and the Vanilla Mystery
ISBN: 978-3-9812432-2-2
Hardcover: 36 pages
Price: € 16.95
For ages 4-10
A bilingual children's book in German and English
Translation: Ros Mendy
Felicity, a little girl who doesn't like vanilla pudding, goes on a journey of discovery through the Central American rainforest with a parrot and a hummingbird to uncover the secret of vanilla.

Bestellen können Sie die Bücher über den Buchhandel oder direkt beim Schlauberger-Verlag unter www.schlauberger-verlag.de oder senden Sie ein Fax mit Ihrer Bestellung an 05971 14357.
The books can be ordered through bookshops or directly from the publisher, Schlauberger-Verlag. www.schlauberger-verlag.de or send a fax to +49 (0)5971 14357.

schlau schlauer Schlauberger schlauer schlau

Gestalt- und Funktionswandel der Vordergliedmaßen
Compariso

Arm des Menschen
Human arm

Flosse vom Delphin
Dolphin flipper

Flügel des Flugsauriers Pterodactyl
Wing of a pterodactyl (a pterosaur)

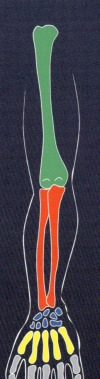
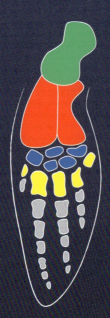
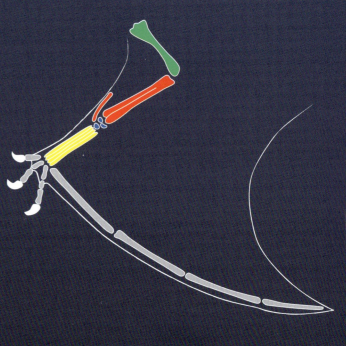

Von Beinen, Flügeln und Flossen: Ein Bauplan – viele Funktionen
Der „Stammbaum" der Wirbeltiere vorne im Buch wurde im Laufe der Zeit von zahlreichen Forschern aus ganz verschiedenen „Puzzleteilen" zusammengesetzt. Aus vielen einzelnen „Indizienbeweisen" wurde die Entwicklung und Verwandtschaft der Tiere nach und nach erschlossen. Ein ganz wichtiger Beweis für die gemeinsame Abstammung war dabei zum Beispiel der Aufbau des Knochengerüstes de Wirbeltiere. So zeigte es sich beim Vergleich von Fossilien und von heute lebenden Tieren, dass das gegliederte Stützgerüst der Wirbeltier immer den gleichen Aufbau zeigt. So besteht und bestand jedes Gliedmaßen eines Wirbeltieres stets aus Oberarm, zwei Unterarmknochen Handwurzel-, Mittelhand- und Fingerknochen. Dieser Grundaufbau blieb auch erhalten, wenn sich die Funktion des Gliedes änderte. So sehen die **Beine** eines vierfüßigen Tieres, die **Arme** des Menschen, die **Flüge**l von Flugsaurier, Fledermaus und Vogel sowie die **Flossen** des Delfins ganz verschieden aus, der ursprüngliche Bauplan mit den dazugehörigen Knochen bleibt jedoch trotz unterschiedlicher Funktion erhalten. In der Zeichnung sind die Knochen, die sich bei den verschiedenen Tieren entsprechen, jeweils in der gleichen Farbe dargestellt. Solche Organe, die nach Aussehen und Verwendung sehr verschiedenartig sind, aber den gleichen Grundaufbau zeigen, nennt man **homologe** Organe. Der Besitz solcher homologen Organe weist darauf hin, dass diese Tiere der gleichen Entwicklungslinie entstammen. Dagegen nennt man Organe, die die gleiche Funktion, aber eine unterschiedliche „Herkunft" und einen unterschiedlichen Aufbau haben **analoge** Organe. So hat der Flügel eines Insekts die gleiche Funktion wie die einer Fledermaus – aber beide Flügel weisen einen völlig anderen Bauplan auf. Das zeigt, dass die beiden Tiere aus ganz unterschiedlichen Linien der Evolution stammen